為什麼你有情緒？

認識情緒，才認識自己；
它難以掌控，卻決定了你的生活品質！

Master Your Emotions: A Practical Guide to Overcome Negativity and Better Manage Your Feelings

提博特・梅里斯Thibaut Meurisse／著

蔡孟璇／譯

健康smile.114

為什麼你有情緒？
認識情緒，才認識自己；它難以掌控，卻決定了你的生活品質！

原書書名　Master Your Emotions: A Practical Guide to Overcome Negativity and Better Manage Your Feelings
作　　者　提博特．梅里斯 Thibaut Meurisse
翻　　譯　蔡孟璇
封面設計　林淑慧
特約美編　顏麟驊、孫筱凡
特約編輯　洪禎璐
主　　編　高煜婷
總 編 輯　林許文二

出　　版　柿子文化事業有限公司
地　　址　11677臺北市羅斯福路五段158號2樓
業務專線（02）89314903#15
讀者專線（02）89314903#9
傳　　真（02）29319207
郵撥帳號　19822651柿子文化事業有限公司
投稿信箱　editor@persimmonbooks.com.tw
服務信箱　service@persimmonbooks.com.tw

業務行政　鄭淑娟、陳顯中

一版一刷　2025年4月
定　　價　新臺幣480元
I S B N　978-626-7613-37-5

如欲投稿或提案出版合作，請來信至：editor@persimmonbooks.com.tw

FB粉專請搜尋：60秒看新世界

～柿子在秋天火紅 文化在書中成熟～

國家圖書館出版品預行編目（CIP）資料

為什麼你有情緒？：認識情緒，才認識自己；它難以掌控，卻決定了你的生活品質！／提博特．梅里斯（Thibaut Meurisse）著；蔡孟璇譯. -- 一版. -- 臺北市：柿子文化事業有限公司，2025.04
面；　公分. --（健康smile；114）
譯自：Master your emotions : a practical guide to overcome negativity and better manage your feelings
ISBN 978-626-7613-37-5（平裝）
1.CST: 情緒管理 2.CST: 生活指導 3.CST: 自我實現
176.52　　　　114002927

好評推薦

好評迴響

情緒無所不在，情緒不請自來。面對日常生活中的情緒，人們看似熟悉卻又陌生。我們是否可以有效管理或好好對待？

情緒像一門浩瀚無盡的學問，正等待著人們充分的理解，解析相關的影響因素，以找出相對應的策略。《為什麼你有情緒？》如同一把鑰匙，將為你我開啟這扇大門。引領讀者走進這如迷霧般的情緒森林，透過閱讀，眼前的路徑將更加的清晰。屬於內心的平靜美地，將在不遠處，等候著我們的蒞臨。

王意中，王意中心理治療所所長、臨床心理師

讀完本書你會發現：「負面情緒有其正面本質。」它像是苦口的良藥、好友逆耳的忠言，情緒旨在讓你更認識自己，看見自己心中的在乎，以及這些在意背後的原因與假設。本書不只

能幫助你對情緒有更全面的理解，還提供許多長短期的情緒改變與自助練習的方法，豐富你的情緒工具箱，在遇到情緒時可以更不慌張，是每個人都必不可或缺的一本情緒自助手冊！

李炯德，臨床心理師、心理師的深夜學堂創辦人

這本大腦情緒升級指南，將幫助我們打破情緒失控的循環，強化內在韌性，真正掌握心靈主導權。

李明憲教授，《巧推與行為改變：順勢而為的力量》作者

如果情緒是一隻調皮的貓，這本書就是讓你學會如何與它和平共處的說明書——而不是硬把它塞進籠子裡！

我們的大腦是為了生存而設計的，生存機制就是情緒的背景程式，學會識別、理解，並轉化自己的情緒，就能讓它成為你個人成長的工具。《為什麼你有情緒？》不僅拆解情緒運作的機制，還提供實用策略的，幫助你從壓力、焦慮、憂鬱等情緒中找到出口。透過呼吸、運動、環境調整，到改變想法、行為與心態，讓你能夠在日常生活中輕鬆運用，真正做到「掌控情緒，而不是被情緒掌控」。

蔡佳璇，臨床心理師、哇賽心理學執行長

「你能掌握到最重要的技能之一，就是控制你的思想和情緒的能力。」——這是本書中我很喜歡的一句話。閱讀這本書時，情緒彷彿不再捉摸不定、不再難以掌控；作者用簡單清晰的步驟，讓讀者知道如何理解情緒的產生，進而改變情緒，練習做自己情緒的主人。推薦多讀幾次，會有不同的收穫喔！

簡嘉貞，諮商心理師、高中輔導老師、心理師的深夜學堂共同創辦人

老天爺將情緒這項能力留給我們是有原因的。在學習應對情緒技巧之前，理解這樣的脈絡是重要的。本書依循此脈絡，清楚闡述了情緒的功用、影響情緒的因素，以及使用情緒這項工具的方法。除了概念的理解之外，讀者也別錯過本書另一大亮點：作者搭配這些概念設計的各種「自助練習簿」。循序漸進，跟著這些練習與提問，我們所進行的每一次自我反思，都將能讓我們未來更有自信地面對情緒。

蘇益賢，臨床心理師

WHAT——從「睡眠」、「肢體語言」、「運動」、「思想」、「言語」、「呼吸」、「音樂」等各面向寫出情緒相關問題。但如果一本書只有出現問題，那絕不是一本好書，世界上從來不缺問題。

WHY——從「生存機制」、「身分認同」、「情緒公式」等理解情緒，但如果一本書只講原因，且只停留在原因，那也絕不是一本好書。

HOW——卻能如魔法般把「我不夠好」、「防衛心」、「怨恨」、「嫉妒」、「憂鬱」、「恐懼」甚至「拖延」等本來以為的負面情緒，透過書中具體的方法與實踐，翻轉對負面情緒的解讀與眼光，讓情緒波動成為生命啟航的動力！

《為什麼你有情緒？》面面俱到並切合生活實用，讓我們不只知道，還能做到，真是一本大好的書！

羅丰苓，輔導老師、未來family專欄作家

某日午後，閉上眼睛慵懶的躺在沙發上，腦海裡突然湧出很多聲音，思緒隨著這些聲音到處游走，並產生許多情緒，以及感受、感受的感受，無限延伸……。不知道深陷了多久，我突然醒來張開眼睛，驚覺到：原來，日常生活和情緒相連的如此緊密，而且不知不覺的支配著我。

如果你也不希望自己的人生「被情緒管理」，而是「管理情緒」，我想說：花時間認識情緒，會是你我人生中做過最好的決定之一！

茱蒂，Instagram療癒系創作者

我喜歡這本書，因為它的內容簡單易懂。我會推薦我的許多個案閱讀這本書。

蘿拉・貝絲・庫柏（Laura Beth Cooper）博士，心理學家

我正在利用這本書來提升自我照顧能力，並已經推薦給許多個案。

克利夫・霍伯曼（Cliff Hoberman），臨床社會工作者

我已經讀過這本書兩次，並且也向我的家人和同事推薦了它。

丹妮爾・多尼（Danielle Doney）醫師，內外全科醫學士、英國皇家婦產科醫師學院文憑、（榮譽）理學士

就我所知，這是同類書籍中最優秀的一本。

哈拉德・布格納（Harald Burgener），心理治療師

掛名強推

High媽心理師，EFT情緒取向伴侶治療國際認證心理師

王雅涵，諮商心理師

洪仲清，臨床心理師

洪培芸，臨床心理師、作家

許婷妮，小漁村心理諮商所所長

愛瑞克，《內在原力》系列作者、TMBA共同創辦人

目次

第2章 什麼是自我？ 038

第3章 情緒的本質 053

PART

2

影響情緒的各種因素 072

PART

3

如何改變你的情緒？ 100

PART

4

利用情緒來成長

為什麼要讀這本書？

許多書籍探討了情緒及其對生活的影響，卻鮮少提供全面性的觀點來解釋情緒是什麼、情緒的來源、其角色為何，以及它們如何影響你的生活。

情緒是最難處理的事物之一，遺憾的是，你我都經常成為其神秘力量運作下的犧牲品。由於情緒決定了我們的生活品質，並影響了生活的各個方面，若不了解情緒運作的方式，可能會阻礙我們設計出理想生活，以及實現自己的潛能。

如果你在處理負面情緒方面遇到困難，或是希望了解情緒的運作方式，並將其當成個人成長的工具，那麼這本書就是為你而寫的。讀完本書後，你將會了解情緒的運作原理，更重要的是，你會更有能力去處理它們。

前言

頭腦本身即是一個境地，
在此境之中，
地獄能變成天堂，
天堂亦能變成地獄。

——約翰・彌爾頓（John Milton），詩人

我們在生活中體驗著各種情緒。我不得不承認，在撰寫本書的過程中，我自己也經歷了一些起伏。

剛開始的時候，對於提供一份幫助讀者了解情緒的指引，我感到興奮又激動。我想像著讀者在學會控制自己的情緒後，生活會如何獲得改善。我動力滿滿，忍不住去幻想這本書會有多麼棒。

或者說，我是這麼以為的。

然而，在最初的興奮過去之後，我真正坐下來寫作時，興奮感迅速消退。突然間，那些原本在我腦海中看起來很棒的想法，變得平淡無奇。我的寫作似乎變得乏味無趣了，我覺得自己似乎沒有做出什麼實質或有價值的貢獻。

坐在書桌前寫作這件事，變得一天比一天困難，我開始失去信心。如果我連自己的情緒都無法掌控，怎麼能寫一本關於情緒的書呢？多麼諷刺啊！我曾想過要放棄；畢竟已經有很多書在討論這個主題了，何必再多增加一本呢？

同時，我也意識到這本書是一個絕佳的機會，可以讓我處理自己的情緒問題。誰不會偶爾出現負面情緒呢？我們都會經歷高低起伏，不是嗎？

關鍵在於我們在低潮時做了些什麼。是利用情緒督促我們成長和學習，還是利用它們苛責自己？

好，現在讓我們來談談你的情緒吧。

首先，請問一下：

「你現在感覺如何？」

知道自己有什麼感覺，是掌控情緒的第一步。你可能花了很多時間在內省，以至於與自身感受失去聯繫。

也許你會回答說：「我覺得這本書可能有用。」「我真的覺得自己可以從這本書學到一些東西。」然而，這些回答並未反映你有什麼感覺。你不是「覺得像這樣」或「覺得像那樣」，你只是「覺得」。事實上，你並非真的「覺得」這本書可能有用，而是「認為」這本書可能有用，而這種想法製造出一種情緒，讓你對閱讀這本書「覺得」興奮。感覺是透過你的身體感受表現出來的，而非你腦袋中的一個想法。也許，「感覺」這個字眼如此被過度使用或錯誤使用的原因，是因為我們不願意談論情緒。

「那麼，你現在感覺如何？」

為什麼談論情緒很重要？

你的感覺決定了你的生活品質。

你的情緒可能讓你的生活變得痛苦，也可能讓生活變得很美妙，這就是為什麼情緒是最需要關注的事情之一。

你的情緒為所有經歷塗上色彩。當你感覺很好時，一切事物看起來、感覺起來、品嚐起來都更好，你的想法也變得更加積極美好；你的能量層次提升，似乎有無限的可能性。相反地，當你感覺憂鬱時，一切都顯得沉悶乏味；你精力不足，變得沒有動力；你感覺被困在一個你（心理上和身體上）不想待的地方，未來看起來黯淡無光。

你的情緒也可以成為一個強大的指引，告訴你什麼地方出了問題，進而讓你在生活中做出改變。因此，**它們可能是你所擁有的、最強大的個人成長工具之一**。

令人難過的是，無論是你的老師或父母，都沒有教你情緒是如何運作的，或是如何控制它們。我覺得很諷刺，幾乎任何東西都有使用手冊，而你的頭腦與思維卻沒有。你從未收到過一本說明書，教你如何了解頭腦、如何利用它來更有效地管理情緒，不是嗎？我也沒有。事實上，直到現在，我仍懷疑這樣的書籍是否存在。

你會從本書學到什麼？

這本書是你父母應該在你出生時送給你的使用手冊，也是你應該在學校裡收到的指導手冊。在這本書中，我會分享你需要知道的關於情緒的一切知識，讓你克服恐懼和限制，成為你想成為的人。

更具體地說，這本書將幫助你：

◆了解情緒是什麼，以及它們如何影響你的生活。
◆了解情緒如何形成，以及如何利用它們來促進個人成長。

- 辨認出控制你生活的負面情緒，並學會克服它們。
- 改變你的故事，讓自己更能夠掌控生活，創造一個更精彩的未來。
- 重新設定你頭腦的思維，以擴大正面情緒的體驗。
- 處理負面情緒，訓練你的頭腦，以創造更多正面情緒。
- 獲得所有必要的工具，以開始認識並控制你的情緒。

以下是你會在本書學到的詳細內容概述：

- 我們將在第一部討論**情緒是什麼**。你將會了解到，為什麼大腦天生的設定就是會將焦點放在負面情緒上，以及你可以採取哪些措施來對抗這種效應。此外，你也會了解自己的信念如何影響情緒。最後，你將學會負面情緒的運作方式，以及它們為什麼如此棘手。
- 我們將在第二部探討**直接影響情緒的因素**。你會了解你的身體、思想、言語或睡眠在生活中扮演的角色，以及如何利用它們來改變你的情緒。
- 你將在第三部學習**情緒是如何形成的**，以及**如何訓練你的頭腦，好讓你體驗更多正面情緒**。

◆最後，我們將在第四部討論**如何利用你的情緒，讓它成為個人成長的工具**。你將了解為什麼你會經歷恐懼或憂鬱等情緒，以及它們是如何運作的。

讓我們開始吧！

如何使用本書？

我建議你至少通讀本書一次，之後，我邀請你再重新閱讀一次，將焦點放在你想要深入探討的部分。

在本書中，我收錄了幾個不同的練習。雖然我不期望你完成所有的練習，但我希望你能選擇一些去做，並應用在你的生活中。請記住，你從本書獲得的成果，取決於你願意投入的時間和精力。

如果你覺得這本書對你的家人或朋友有幫助，請務必與他們分享。情緒是個複雜的東西，我相信我們都有必要更深入地了解這個主題。

PART 1

情緒是什麼？

●
●
●

你是否曾好奇過情緒是什麼，以及它們存在的目的為何？

在接下來的章節內容裡，我們將討論你的生存機制如何影響了你的情緒。接著，我們會解釋何謂「自我」（ego），以及它如何影響你的情緒。最後，我們將探索情緒背後的機制，並學習到為何處理負面情緒如此困難。

—第1章—

你的生存機制會影響情緒

為何人們會對負面事物有偏見？

你的大腦是為了生存而設計的，這解釋了為何你在當下這一刻能夠閱讀這本書。當你仔細想一想，就會發現你出生的機率是極其微小的。要讓這個奇蹟發生，在你之前的每一代人都必須存活足夠長的時間才能順利繁衍。在他們尋求生存與生兒育女的過程中，必定面對過數以百計甚或數以千計的死亡威脅。

幸運的是，你與祖先不同，你（可能）不需要每天面臨死亡威脅。事實上，在世界上的許多地方，生活從未像現今如此安全過。然而，你的生存機制並未改變太多，你的大腦依然掃描著周遭的環境，尋找潛在的威脅。

在許多方面，你大腦的某些部分已經老舊過時了。雖然你可能不會再面臨被獵食者吃掉的威脅，但是你的大腦對負面事件的重視程度，依然遠遠高於正面事件。

「害怕被拒絕」是對負面事物帶有偏見的一個例子。在過去，被自己的部落拒絕會大幅降低你的生存機率，因此，你學會了尋找任何被拒絕的跡象，這種傾向深深扎根在你的大腦中。

在今天，「被拒絕」對你的長期生存而言，通常不會有影響。即使全世界都討厭你，你仍然可以擁有一份工作、一個居住的地方和充足的食物，但是，你的大腦保留著舊有的設計，依然**將「被拒絕」視為生存的威脅**。

這種根深柢固的反應，就是為何「被拒絕」會令人如此痛苦的原因。雖然你知道大多數的拒絕並不值得大驚小怪，仍然會感受到情緒上的痛苦。如果你聽從自己的頭腦，甚至可能會圍繞著「這個拒絕」編織出一齣完整的大戲。你可能會相信自己不值得被愛，耽溺於「被拒絕」這件事好幾天或好幾個星期。更糟糕的是，你可能會因為這個拒絕而變得鬱鬱寡歡。

一則批評往往勝過數百則正面評價。這就是為什麼擁有五十則五顆星評價的作者在收到一則一顆星評價時，會感到非常沮喪。雖然作者明白這則一顆星的評價並不會威脅到她的生存，但她的大腦並不這麼認為。她的自我可能會把這條負面評價解讀為對自我的威脅，從而引發情緒反應。

對拒絕的恐懼還可能讓你將事件過度戲劇化。如果你的上司在工作中批評了你，你的大腦可能會把這個批評視為威脅，於是你會開始想：「如果老闆開除了我，怎麼辦？萬一我找不到工作，然後妻子離開我呢？我的孩子呢？如果我再也見不到他們了，怎麼辦？」

雖然你有幸擁有如此實用的生存機制，但也**有責任區分真正的威脅與想像出來的威脅**。如果你不這麼做，便會經歷不必要的痛苦和擔憂，對你的生活品質造成負面影響。要克服對負面事物的偏見，你必須重新設定頭腦的思維。**人類最偉大的力量之一，就是有能力用思想來塑造現實，並以更具建設性的方式詮釋事件**，本書會教你如何做到這一點。

找出你對負面事物的偏見

找出一個由你的生存機制所想像出來的威脅例子。你能看出頭腦思維的運作方式嗎？你可以隨意在左方寫出例子：

大腦的多巴胺如何影響你的快樂？

你大腦的首要職責不是讓你快樂，而是確保你的生存。因此，**如果你想要快樂，就必須主動控制你的情緒**，而非僅僅盼望著你會感到快樂，只因你認為那是你的自然狀態。接下來的部分，我們會討論什麼是快樂，以及它如何運作。

多巴胺（dopamine）是一種神經傳導物質，在獎勵某些行為方面扮演了重要的角色。當多巴胺釋放到大腦的特定區域，也就是愉悅中心時，你會感受到類似於高潮的強烈幸福感。這種幸福感發生在運動、賭博、性行為或品嚐美食時。

多巴胺的一個作用，是確保你尋找食物來避免因飢餓而死亡，以及尋找配偶來進行繁殖。若沒有多巴胺，我們的物種可能早就滅絕了。

這確實是件好事，對吧？

嗯，是，也不是。在今天的世界裡，這種獎勵系統在很多情況下已經過時了。在過去，多巴胺直接關聯到我們的生存，而現在，它可以被人工刺激。一個很好的例子就是社交媒體，它利用心理學掠取了你生活中的大量時間。你是否注意到那些定期彈出的通知呢？它們被利用來觸發多巴胺的釋放，好讓你保持連結，而你保持連結的時間越久，這些服務賺的錢就越多。觀看色情內容或賭博也會促使多巴胺的釋放，使這些活動變得極易讓人上癮。

幸運的是，我們不需要在每次大腦釋放多巴胺時都做出反應。譬如，我們不需要因為「臉書」的動態消息能讓我們獲得愉悅的多巴胺釋放，而不斷檢查它。

今天的社會所推銷的快樂版本，是一種可能使我們「不」快樂的東西。**我們已經對多巴胺上癮**，主要是因為行銷人員找到了一些有效的方式來剝削我們的大腦。我們在一天當中獲得了多次的多巴胺刺激，我們喜歡這樣。但這是否等同於幸福快樂？

更糟糕的是，**多巴胺可能造成真正的成癮，對我們的健康帶來嚴重的後果**。杜蘭大學（Tulane University）的一項研究顯示，當受試者被允許自我刺激他們的愉悅中心時，他們平均每分鐘進行四十次。他們選擇刺激愉悅中心，而不是進食，甚至在飢餓時也拒絕吃飯！

韓國的李承燮（Lee Seung Seop的音譯）就是這種症狀的極端案例。二〇〇五年，李先生在連續玩了五十八小時的電玩後猝死，期間幾乎沒有進食或喝水，也沒有睡覺。隨後的調查得出結論，他的死因是疲勞和脫水所引起的心臟衰竭。當時他只有二十八歲！

要掌控你的情緒，就必須了解多巴胺的作用，以及它對你的幸福感有何影響。你是否對滑手機上癮？是否眼睛黏著電視不放？或許你花了太多時間在電玩上？大多數人都會對某種東西上癮。有些人的上癮情況很明顯，但有些人的上癮情況則是比較隱微的，例如你可能對思考上癮。若想更有效地控制你的情緒，你必須認出並點明自己的上癮行為，因為它們可能會剝奪你的幸福快樂。

哪些事是多巴胺在刺激你追求快感？

找出你認為能為你帶來多巴胺刺激的事物（電視、電玩、賭博、社交媒體等等）。將它們寫下來：

其中哪一個是你最「上癮」的？哪一個活動是你暫停時會對它產生渴望的？請寫下來：

「總有一天」的迷思與享樂適應

你是否相信，有一天自己會實現夢想，最終獲得幸福快樂？但這種情況不太可能發生。你可能會（我希望你會）實現你的目標，但不會「從此過著幸福快樂的生活」。這種想法只是你的頭腦對你玩的另一個把戲。

你的頭腦會迅速適應新的情況，這可能是進化的結果，以及源於我們為了生存和繁衍而得不斷適應的需求。這種適應現象也可能是為何你想要的新車或新房子只會讓你快樂一段短暫時間的原因；一旦最初的興奮感消退，你就會轉而渴望下一件刺激的事物。這種現象被稱為「享樂適應現象」（hedonic adaptation）。

讓我分享一個有趣的研究，它可能會改變你對幸福快樂的看法。這項研究是一九七八年針對彩券得主和半身不遂者所進行的，對我來說結果十分驚人，令人大開眼界。該研究評估了中獎或變得半身不遂對幸福快樂的影響。

研究發現，在事件發生的一年後，兩組人對幸福快樂的感受都與之前一樣。沒錯，就是一樣的快樂（或不快樂）。你可以透過瀏覽丹・吉爾伯特（Dan Gilber）的ＴＥＤ演講「快樂的驚人科學」（The Surprising Science of Happiness）來進一步了解這個議題。

也許你相信，一旦自己「成功」，就會幸福快樂，但正如上述關於幸福快樂的研究所顯示的，事實完全不是如此。**無論你發生什麼事，你的頭腦都會在你適應了新事件後，回到你預設的快樂程度。**

這是否意味著你無法比現在更幸福快樂？不是的。這意味著，從長遠來看，外在事件對你的幸福快樂程度所造成的影響微乎其微。事實上，根據《這一生的幸福計劃》一書的作者索妮亞·柳波莫斯基（Sonja Lyubomirsky）所述，五十%的幸福感是由基因決定，四十%由內在因素決定，僅有十%是由外在因素所決定。這些外在因素包括了我們是否單身或已婚、富有或貧窮，以及其他類似的社會影響。

外在因素的影響可能遠低於你的想像。最重要的關鍵是：**你的生活態度才會影響你對幸福快樂的感受，而不是發生在你身上的事。**

到目前為止，你已經了解你的生存機制如何對情緒造成負面影響，並阻礙你在生活中體驗更多的喜悅與幸福。下一個章節，我們將學習關於自我的議題。

—第2章—

什麼是自我？

你的生存機制並不是唯一一個影響情緒的因素。你的「自我」（ego）在塑造你的感受方面也扮演了重要的角色。因此，為了更有效地控制你的情緒，了解你的自我是什麼以及它如何運作是極其重要的。

現在，讓我們釐清自我的含義，人們經常說某人「自我很膨脹」，這裡的自我指的是接近驕傲的東西。雖然驕傲無疑是自我的一種「表現」，但那只是其中一部分。你可能表現得毫不驕傲、顯得很謙遜，但仍然被你的自我所控制。

那麼，自我到底是什麼？

自我，指的是你一生中所構建的自我認同或身分認同（self-identity）。這種認同是如何創造出來的？簡單來說，**自我是透過你的思想創造的，它是一種頭腦所創造的身分認同，並沒有具體的真實存在**。

發生在你身上的事件本身並沒有意義。你只是透過對這些事件的詮釋，來賦予這些事件意義。此外，你之所以接受關於自己的某些事物，是因為人們告訴你要這麼做。再者，你可能會以類似的方式認同你的名字、年齡、宗教、政治信念或職業。

這種依附有其後果。正如我們在本書後面將看到的，**依附會創造信念，而這些信念會導致你體驗到特定的情緒**。例如，當人們批評你的宗教或攻擊你的政治原則時，你可能會感到被冒犯了。

請特別注意，在本書中，我們會把「自我」稱為你的「故事」或「身分認同」，這些詞語會互換使用。

你是否覺知到你的自我？

你對自我如何運作的理解，取決於你對自我有多少覺知和意識。意識程度最低的人甚至沒有覺知到自我的存在，結果就是被自我所奴役。

相反地，高度自覺的人可以看透自己的自我。他們了解信念如何運作，也了解對一組信念過度依附如何在生活中製造痛苦。事實上，這些人會成為心智的主人，與自己和平相處。

請注意，**自我既非好的，也非壞的；它只是缺乏自我覺知的一種結果**。當你覺知到它時，它就會逐漸消退，因為自我與覺知無法共存。

自我對身分認同的需求

你的自我是一個自私的存在體，只關心自己的生存。有趣的是，它的運作方式與你的大腦有些相似。它有自己的生存機制，會盡一切可能來持續存在。它和你的大腦一樣，最關心的並不是你的幸福快樂，也不是你的心靈平靜。相反地，你的自我是焦躁不安的，它希望你成為一個雄心勃勃的人，它希望你去做、去獲得、去實現偉大的事，讓你成為某號「大人物」。

正如之前提到的，你的自我需要一個身分認同才能存在，它透過對事物、人、信念或想法的認同來實現這一點。現在，讓我們來看看你的自我用來強化其身分認同的一些方式。

實體物品

自我喜歡認同於物質東西，這樣的認同在現今的世界蓬勃發展。或許我們可以說，當今我們生活在其中的資本主義與消費社會，就是集體自我的產物，這也是它在近幾十年來成為主流經濟模式的原因。

行銷人員精準了解人們認同於事物的需求。他們知道人們不僅僅是在購買產品，也是在購買與產品相關的情感或故事。通常，你會購入特定的衣服或某款車子，是因為你想要傳達關於自己的一個故事。例如，你可能想提升自己的地位、看起來很酷，或是表達你的獨特個性，因而選擇了最符合這些理想的產品。

利用東西來創造一個你可以認同的故事，就是自我的運作方式。這並不表示東西本身是錯的；唯有當你過度依附於物質東西，並相信它們能夠滿足你時，這才會成為一個負面問題，因為它們在實際上並無法滿足你。

你的身體

大多數人會從自己的外貌獲得自我價值。你的自我喜歡你外表的樣子，因為這是最容易辨認和量化的東西。**你若強烈認同於自己的外貌，往往也更容易認同於身體和情緒上的痛苦**。也許你不相信，但你真的可以觀察自己的身體而不「認同」它。

朋友／相識的人

自我也會從你與他人的關係中獲得身分感。自我只對「能從他人身上獲得什麼」感興趣；換句話說，自我依賴於利用他人來強化其身分。**如果你誠實面對自己，就會發現自己所做的事**

情，大多是為了獲得他人的認可：你希望父母為你感到驕傲，希望上司尊重你，希望妻子愛你等等。

現在，讓我們更仔細檢視自我在以下情況是如何運作的。

親子關係

有些父母的自我導致他們對子女產生強烈的依附和認同感。這種依附是奠基於一種錯誤的信念，認為子女是他們的「所有物」。結果，他們試圖控制子女的生活，並「利用」子女去過一個「他們」自己年輕時想要的人生，這稱為「透過子女代替他們生活」。這種情況其實屢見不鮮，下次你觀賞青少年足球（或棒球）比賽時，觀察一下場邊的父母，看看他們有些什麼反應；試著辨認出那些透過子女代替他們生活的父母；他們通常是那些叫聲最響亮的人，卻不僅僅是出於鼓勵。這種情況大多是在無意識中發生的。

伴侶

「需要某人」的感覺也是自我的一種展現。安東尼・德梅洛（Anthony de Mello）用一句很美的話來形容這種情況：「孤獨不是由他人的陪伴所治癒的。孤獨是透過接觸現實來治癒的，透過了解『我們不需要別人』來治癒的。」

當你領悟到自己其實不需要任何人時，就能開始享受他人的陪伴。你能以他們真實的樣子看待他們，而不是試圖從他們那裡得到什麼。

你的信仰

你的自我也會利用信仰來強化其身分。在極端案例中，人們會對自己的信仰產生強烈的依附，強烈到願意為了保護它們而死。更糟的是，他們甚至願意殺死那些意見不合的人。宗教就是一個完美的例子，說明了過度依附於信仰的危險性。**自我會利用任何信仰來強化其身分，無論這些信仰是宗教、政治，還是形而上學的。**

其他的認同對象

現在讓我們來看看一份列表，這些通常是你的自我用來獲得身分感的東西，但請留意，這份列表依然不夠完整：

- 你的身體
- 你的姓名
- 你的性別
- 你的種族
- 你的國籍
- 你的文化
- 你的家人／朋友
- 你的信仰（政治信仰、宗教等等）
- 你的個人故事（你對過去的詮釋、對未來的期望）
- 你的問題（疾病、財務狀況、受害者心態等）
- 你的年齡
- 你的工作
- 你的社會地位
- 你的角色（如員工、家庭主婦、父母的身分、就業狀況等）
- 物質物品（你的房子、車子、衣服、手機等等）
- 你的欲望

找出你的自我最在乎什麼

寫下你覺得最認同的事物（例如你的身體、關係、國家、宗教、車子等）：

自我的主要特徵

以下是自我的幾個主要特徵：

- 自我傾向於將「擁有什麼」與「是什麼」劃上等號，這就是為何自我喜歡與物品認同的原因。
- 自我透過比較而生存，你的自我喜歡與其他自我做比較。
- 自我永遠不滿足。你的自我總是想要更多，像是更多的名聲、更多的物品、更多的認可等等。
- 自我的自我價值感，經常取決於他人對你的評價。你的自我需要他人的認可，才能感覺到自己的價值。

自我對優越感的需求

你的自我想要感到比其他自我更優越。它希望脫穎而出，並需要創造一些人為的「區別」來實現這一點。以下是它採取的一些策略：

- **透過他人來增強其價值**。如果你有聰明或知名的朋友，你的自我會與他們有所聯繫，以強化其身分。這就是為什麼有些人喜歡告訴別人，他們的朋友有多聰明、多富有或多有名。
- **八卦**。人們喜歡聊八卦、說閒話，是因為這讓他們在某種程度上感覺與眾不同、感覺優越。這也是有些人喜歡在背後貶低別人、道人是非的原因；這讓他們和八卦團體裡的其他人都感覺自己很優越。
- **表現出自卑情結**。這其實隱藏著一種「想要比他人更好」的渴望。是的，即使在這種情況下，人們也想要優於他人的感覺。
- **表現出優越情結**。這掩蓋了害怕自己不夠好的恐懼。
- **追求名聲**。這提供了一種優越感的幻覺，這就是人們為何經常夢想成為名人的原因。
- **認為自己是對的**。自我喜歡自己是正確的，這是確認它自己存在的一種絕佳方式。你是否注意到，從希特勒到南非前總統曼德拉等人，都認為自己在做正確的事？大部分的人都認為自己是正確的，但有可能每個人都是對的嗎？
- **抱怨**。當人們抱怨時，根據定義，他們都相信自己是對的，別人是錯的。這也適用於物品，你是否曾經撞到桌子，然後對它抱怨或甚至罵它？我曾經這樣做過，那該死的桌子擋在我的路上，難道不是嗎？

◆ **尋求關注**。自我喜歡脫穎而出，喜愛受到認可、讚美或仰慕。為了尋求他人的關注，人們可能會犯罪、穿著古怪的衣服或在全身紋身。

自我對情緒的影響

了解自我的運作方式，可以幫助你更有效地控制情緒。要做到這一點，首先必須了解到：你當前的故事，是強烈認同於某些人、事物或概念的結果。這種強烈的認同是你生活中許多負面情緒的根源。例如：

◆ 當生活沒有按照你的個人故事發展時，你會感到沮喪。
◆ 當有人挑戰你的某個信念時，你會變得防衛心很強。

簡而言之，**你的大多數情緒都是根據你的個人故事和你看待世界的方式而來**。若你能用一個更能賦予你力量的故事取代當前的故事，同時放下對事物、他人或概念的過度依附，你就能體驗到更多正面情緒。

在本書的後續部分，我們將探討如何改變你對事件的詮釋方式。

覺察自我控制你的程度

在0到10的等級範圍內，以下敘述對你來說有多真實？（圈選你的等級）

◆我的自我往往將「擁有」什麼與「是」什麼劃上等號。

0 1 2 3 4 5 6 7 8 9 10

◆我的自我透過比較來存在。

0 1 2 3 4 5 6 7 8 9 10

◆我的自我永遠不滿足。

0 1 2 3 4 5 6 7 8 9 10

◆我的自我需要他人的贊同來感到有價值。

0 1 2 3 4 5 6 7 8 9 10

◆我試圖藉由結交聰明或知名的人來提升自己的價值。

0 1 2 3 4 5 6 7 8 9 10

◆我喜歡聊八卦。

0 1 2 3 4 5 6 7 8 9 10

◆我有自卑情結。

0 1 2 3 4 5 6 7 8 9 10

◆我有優越情結。

0 1 2 3 4 5 6 7 8 9 10

◆我渴望名聲。

0 1 2 3 4 5 6 7 8 9 10

◆我時常試圖證明自己是對的。

0 1 2 3 4 5 6 7 8 9 10

◆我經常抱怨。

0 1 2 3 4 5 6 7 8 9 10

◆我尋求關注（認可、讚美或欽佩）。

0 1 2 3 4 5 6 7 8 9 10

◆你的自我如何影響你的情緒？寫下你的自我製造負面情緒的一些方式，盡量具體一點。

◆你怎麼應對這種情況？

—第3章—

情緒的本質

情緒可能很棘手，在本章，我們將深入探討情緒的運作方式。藉由了解情緒背後的機制，你將能夠在情緒出現時更有效地管理它們。

首先要明白的是，情緒總是來來去去的。你可能這一刻很快樂，下一刻又感到悲傷。**雖然你對情緒有一些控制能力，但也必須認知到情緒那無法預測的本質**。如果你期望自己無時無刻都保持快樂，注定會失敗，如此一來，你可能會因為無法保持快樂而責怪自己，甚至更糟糕的是，為此過度苛責自己。

如果你想要開始控制自己的情緒，首先必須接受它們是短暫的。你必須學會讓情緒經過，而不需要強烈認同它們。你必須容許自己感到悲傷，而不必附加「我不應該感到悲傷」或「我到底怎麼了？」這類的評論。相反地，你必須允許現實如此存在。

無論你的心智多麼堅強，仍然會在生活中經歷悲傷、哀痛或憂鬱——但願這些情緒不會同時發生，也不會持續存在。有時你會感受到失望、遭到背叛、沒有安全感、憤恨或羞愧等情緒，你會懷疑自己是否有能力成為想成為的那種人，而這些情況都沒有關係，因為情緒會來，更重要的是，它們也會走。

負面情緒有其正面角色

你可能會因為體驗到負面情緒而責怪自己，或是認為自己的內心太過脆弱，甚至可能相信自己有問題。儘管你內在的聲音可能這麼說，但你的情緒並不是件壞事。情緒就只是情緒，僅止於此。

因此，當你感到沮喪憂鬱，並不會讓你變得比三個星期前那個快樂的自己更差。現在感到悲傷，也不代表你永遠不會再有歡笑的能力。

請記住：**你對情緒的詮釋以及你所玩的責怪遊戲才會製造痛苦，而非情緒本身**。

事實上，負面情緒可能是有所裨益的。有時候，你需要跌到谷底，才能觸底反彈而抵達頂峰。即使是世界上最堅強的人，也會感到憂鬱。

企業家伊隆·馬斯克（Elon Musk）從未想過自己會心理崩潰，但他曾經崩潰過，然後又振作起來。林肯（Abraham Lincoln）在失去未婚妻後曾經憂鬱了好幾個月，但這個悲劇並未能阻止他成為美國總統。

負面情緒往往有其目的，它們可能是一個喚醒你的警鐘，也可能會幫助你對自己產生更正面的認識。當然，在你陷入情緒漩渦的當下，或許很難看見事物的光明面，但是你在事後可能會領悟到，情緒在你最終的成功裡扮演了一個必要的角色——即使是悲傷的情緒，亦然。

你的情緒之所以存在，不是為了讓你的生活變得更艱難，而是為了告訴你一些事。沒有它們，你就無法成長。

你可以將負面情緒視為情緒上相當於肉體疼痛的東西。雖然你討厭疼痛，但如果你沒有痛覺，現在你可能已經不在人世了。身體的疼痛會發出強烈的信號，告訴你有些事出了問題，促使你採取一些行動，可能是要去看醫師，也可能讓你接受手術、改變飲食或增加運動量。如果沒有身體的疼痛，你就不會做這些事情，你的情況會惡化，最終有可能導致早逝。

情緒的運作也是如此。它們對你發出信號，敦促你對當前的情況做點什麼。或許，你需要放下一些人、辭去工作，或是清除那些在生活造成痛苦的喪氣故事。

情緒具有轉瞬即逝的本質

無論你有多麼憂愁沮喪，經歷了多大的悲傷，或是在某些時刻感到多麼糟糕，這一切終將過去。

回顧一下你過去所經歷的一些負面情緒，想想你生命中最糟糕的時刻。在這些最艱難的時期，你可能深陷在負面情緒裡，無法想像自己能擺脫它們。你無法想像自己能再次快樂起來，但即使是這樣的經歷，也都結束了。最終，烏雲散去了，真實的你再次閃耀。

你的情緒總是來來去去的。你的憂鬱會離開；你的悲傷會消散；你的憤怒也會漸漸消退。記住，**如果你一直重複經歷相同的情緒，可能表示你持有一些負面信念，因此你需要對生活中的某些事做出改變**，我們稍後會討論怎麼做。

如果你患有長期且嚴重的憂鬱症，最好諮詢專家。

情緒難以捉摸

你是否曾經覺得自己再也快樂不起來？是否曾經如此執著於你的情緒，認為它們永遠不會消失？

別擔心，這是很常見的感覺。

負面情緒就像一個過濾器，會污染你的體驗品質。在負面情緒爆發期間，所有的體驗都會透過這個過濾器被感知到。儘管外在世界維持不變，你還是會依據你的感受而獲得完全不同的體驗。

舉例來說，你在感到憂鬱時，就不會享受你吃的食物、看的電影或參加的活動。你只會看到事物的負面面向，覺得受困其中，充滿無力感。相反地，當你的心情處於正面狀態，生活裡的一切似乎都變得更好了，食物很美味，你能夠享受參加的活動，也自然而然變得更友善。

現在你可能認為，憑藉著自己從本書獲得的知識，便再也不會感到憂鬱沮喪。錯了！你會繼續體驗到悲傷、挫折、憂鬱或憤恨，但我希望隨著它們每一次的發生，你會變得越來越有智慧，記住：這，也會過去（this too, shall pass，譯註：這是一句流傳已久的波斯諺語）。

我必須承認，我很容易被自己的情緒所愚弄，雖然我知道「我不是我的情緒」，但仍然過度重視它們，未能了解到它們只是短暫的過客——更重要的是，我忘記了「它們不是我」。情緒總是來來去去的，但我依然存在。一旦情緒風暴過去後，我常常會覺得自己對這些感受太過認真，像個笨蛋。你也會這樣嗎？

有趣的是，外在因素可能不是導致你的情緒狀態突然變化的直接原因。你可能處於相同的處境，做著相同的工作，銀行帳戶裡有相同的金額，面臨著相同的問題，卻體驗到截然不同的情緒狀態。

事實上，如果你回顧過去，這正是經常發生的情況。你可能會突然覺得有些鬱鬱寡歡，然後在持續幾個小時或幾天的時間後，再度跳回「預設」的情緒狀態。在這段面臨情緒壓力的期間，你的環境沒有任何改變，唯一改變的是**你的內在對話**。

我鼓勵你有意識地留意這類事件的發生，並看穿情緒有多難以捉摸。你可能會想將這類事件記錄在日記中，若能這麼做，你便能更深入理解情緒的運作方式，藉此更有效地管理它們。

情緒的邪惡力量

艾克哈特・托勒在《當下的力量》中提到：「情緒通常代表一種被放大的、充滿能量的思考模式，由於它往往帶有壓倒性的能量，因此最初我們很難處於當下地觀照它。它想要接管你，而且通常都能成功，除非你處於當下的強度很足夠。」

負面情緒就像是一種魔咒。在它們的影響下，似乎不可能擺脫它們。

你可能知道不斷反芻同樣的想法毫無意義，但仍無法自拔地隨順著這股力量。你感受到一種強烈的吸引力，不斷認同你的想法，結果感覺越來越糟。當這種情況發生時，任何理性的論點似乎都不管用了。

這些情緒與你的個人故事越契合，對你的吸引力就越強。舉例來說，如果你認為自己不夠好，那麼每次你判定自己做得「不夠好」時，便可能會體驗到內疚或羞恥等負面情緒。由於你已經多次體驗過這些情緒，它們便成為一種自動反應。

若想了解更多關於與情緒認同如何運作的資訊，請參閱「認同」部分的內容P107。

情緒的過濾力量

你的情緒狀態可能會強烈影響著你的人生觀，導致你採取不同的行為。當你處於正面狀態，會有更多能量可以使用。這種能量帶給你的是：

- 做每一件事都更有自信。
- 開放地接受可能改善生活的全新行動。
- 走出或打破舒適圈的能力。
- 有更多情緒空間可以在艱困時期堅持下去。
- 更好的想法和提升的創造力。
- 更容易感受到同樣情緒範圍內的其他正面情緒。

當你處於負面心智狀態，可由你運用的能量會減少，將導致你：

- 缺乏信心，影響你所做的每件事。
- 缺乏動力，縮小你願意採取的行動範圍。

◆ 不願意接受新的挑戰，無法走出舒適圈。

◆ 在面對挫折時沒有足夠的堅持能力。

◆ 更容易吸引到同樣情緒範圍內的負面想法。

讓我分享一個個人生活上的真實例子。這兩種情況都是在相同的外在條件下發生的，唯一的差別是當時我的情緒狀態。

情況1：對我的線上事業興奮不已

◆ **做每一件事都更有自信**：我覺得自己的想法很棒，對寫書興奮不已，渴望寫文章。我很樂意分享並推廣自己的工作。

◆ **開放地接受新的行動計劃**：我願意敞開心胸接受新想法或投入新計劃。我會考慮與其他作者合作，開始規劃新的教練計劃，為我的閱聽大眾提供服務。

◆ **有能力走出自己的舒適圈**：我更容易推動自己跨出舒適圈。例如，我可能會與陌生人聯絡，或進行臉書直播。

◆ **有更多情緒空間堅持下去**：即使缺乏動力，我依然堅持自己的計劃。

◆ **更好的想法與提升的創造力**：我對新想法抱持開放態度。我可能會為新書、文章或其他創意計劃想出新點子。

◆ **容易感受到更多正面情緒**：我吸引了更多的正面情緒。與此同時，我的頭腦更有效地拒絕了負面想法，拒絕與它們認同。

情況2：因缺乏成果而感到悶悶不樂

◆ **缺乏信心**：我開始懷疑自己和正在做的所有計劃。突然間，我所做的一切都變得無用或「不夠好」。「有什麼意義？」、「我不會成功的」或「我很愚蠢」等這類想法閃過我的腦海。推銷自己變成一個重大挑戰。

◆ **缺乏動力**：我不想做任何事情。我受到負面想法的攻擊，無法逃脫。我一而再、再而三地反芻著同樣的負面想法，這些想法像跳針的唱片一樣循環播放著。它們看似如此真實，污染了我的所有體驗。

◆ **難以接受新的挑戰**：我幾乎沒有多餘的精力走出舒適圈，去接受具有挑戰性的計劃。

◆ **堅持的能力降低**：我難以完成任務，並拖延「應該」做的事情。

◆ **更容易吸引負面想法**：我邀請了更多的負面想法。儘管這些想法之前可能就已經在我的腦海中出現過，但現在它們變得更根深柢固。認同這些想法之後，我產生了更多的負面情緒。

這兩種情況只相隔了幾天。外在環境皆相同，但我的情緒狀態卻截然不同，導致我採取了不同的行動。

打破情緒的磁力

你的情緒就像磁鐵一樣，會吸引相同「頻率」的想法。這就是為什麼當你處於負面狀態時，很容易吸引到其他負面想法，然後在緊抓住這些想法之後，你會讓情況更加惡化——正如艾克哈特．托勒在《當下的力量》中所說：「通常，思維和情緒之間會形成一個惡性循環：它們相互餵養。思維模式以情緒的形式創造出放大版的自身反映，而情緒的振動頻率會不斷餵養著原本的思維模式。」

現在，我們來看看要怎麼做才能打破這種磁力。

假設你在工作中度過了糟糕的一天，情緒十分惡劣。你所處的負面狀態讓你吸引到更多負面想法。

突然之間，你開始將注意力焦點放在「自己到了三十歲還是單身」這個事實上，並開始怪罪自己。接著，你又責怪自己體重過重。你還想起自己得在下星期六到辦公室上班，這又讓你想起自己的工作有多麼爛。

你是否發現，當你情緒低落時要吸引負面想法有多麼容易了嗎？為了防止這種情況的發生，你必須改掉將各種負面想法聚集在一起的習慣。

以我的膝蓋問題為例

我的膝蓋有舊傷，因此無法從事許多運動。由於我一直熱愛運動，所以這些傷病成了我情緒上的痛苦來源。幸運的是，我的膝蓋很少感到疼痛，不過一旦疼痛出現，它就會觸發負面情緒。有一天，當我觀察自己的思維過程時，意識到膝蓋疼痛會對我的情緒產生負面影響，進而在一個負回饋循環中觸發更多的負面情緒。疼痛會讓我將注意力放在生活中所有不順心的事情上，從工作到個人生活都有。結果，我會經歷好幾個小時，甚至好幾天的負面情緒。

我想表達的重點是，**無論你的生活有多麼美好，如果你在大部分的時間裡都將注意力放在自己的問題上，就會變得很鬱悶**。因此，要減少負面情緒，你必須學會將自己的問題區分開來。不要讓自己的思維將事件過度誇大；將不相關的問題聚集在一起，只會讓你感覺更糟。你要做的是，記住負面情緒只存在於你的頭腦裡。將問題分別單獨看待，你將發現大部分的問題其實都不嚴重，而且你不需要一次解決所有問題。

開始留意自己的感受，記錄你的負面情緒，觀察是什麼觸發了它們。你越能夠這麼做，就越能夠發現到一些特定模式。例如，假設你連續好幾天覺得悲傷，就自問以下問題：

- ◆是什麼觸發了我的情緒？
- ◆是什麼在這兩天裡助長了它們？
- ◆我當時告訴自己的故事是什麼？
- ◆我是如何以及為何走出低谷的？
- ◆我能從這次的經歷學到什麼？

回答這些問題能發揮寶貴作用，而且會對你在未來處理類似問題時帶來極大的助益。

你的情緒可及性與基準點

我們之前討論過，你會吸引與自己的情緒狀態相匹配的想法。反之亦然，你無法吸引到與自己當下感覺不同步的想法，即使你努力去思考正面想法，你的內心也不會接受它。這就是為什麼在悲傷的階段，就算正面想法偶爾會閃過你的腦海，你仍然無法與它們產生共鳴，而且無法改變自己的情緒狀態。

你是否曾在哀傷時被告知要振作起來，或在憂鬱時被要求心懷感謝？這有幫助嗎？可能沒什麼幫助。這是因為你所處的情緒狀態不允許你進入那些正面情緒。

伊絲特與傑瑞・希克斯（Esther & Jerry Hicks）在著作《有求必應》中提出了一個模型，用來解釋情緒範圍是如何相互連結的，以及我們如何從負面情緒逐步向上攀升到更正面的情緒。例如，在這個模型中，憂鬱或絕望都處於情緒梯子的底部，上一階則是憤怒。這表示當你感到憂鬱時，一旦出現憤怒的跡象，就表示你正在攀登情緒梯子。這很有道理，當你憤怒時，會比憂鬱時擁有更多能量，對吧？

最近，我在心情鬱悶了一段時間之後，感受到了憤怒。出於某種原因，我厭倦了腦袋裡那些不斷重複的故事和藉口，並利用憤怒做為燃料，完成了我一直在拖延的任務。結果，我得以創造動力去攀登情緒的階梯。

每當你體驗到負面情緒時，多留意那些能為你帶來更多能量的情緒。一些所謂的負面情緒，譬如憤怒，有可能幫助你克服那些剝奪力量的情緒，譬如絕望。只有你知道自己的感受，因此，如果憤怒讓你感覺更好，就接受它吧。

情緒與心理痛苦

你知道自己在生活中創造了多少不必要的痛苦嗎？每當你執著於一個想法，或緊抓著一種情緒時，你就會受苦。

這方面的一個絕佳例子，就是你對身體痛苦的反應。每當你感到疼痛，你的第一個反應就是詮釋它。當你這麼做時，就會產生負面想法。而你與這些想法的認同，正是製造出心理痛苦的根源。

以下是在這些情況下可能出現在你腦海裡的一些想法：

- 萬一疼痛永遠不會消失，怎麼辦？
- 萬一因為疼痛，我無法再做 X、Y、Z，怎麼辦？
- 萬一情況惡化，怎麼辦？
- 萬一我必須接受手術，怎麼辦？
- 萬一我不能去工作，怎麼辦？我有一個重要的案子必須準時完成。
- 持續疼痛的話，今天的日子會很難熬。
- 我沒有錢。如果情況惡化，我怎麼支付醫療費用？

這種內在對話真是折磨人，而且對解決問題毫無幫助。你不必糾結於上述的憂慮，就可以正常運作並採取適當行動。**負面情緒本身並不是問題，問題在於你從這些情緒創造出來的心理痛苦**。

另一個心理痛苦的例子是拖延。

你是否曾經拖延一項工作好幾天甚至好幾個星期，直到完成它時，才發現它其實沒那麼困難？我有過這種經驗。最讓人感到筋疲力竭的是哪個部分？是任務本身，還是你花在擔憂它的時間？

或者，你可能睡眠不足，然後不斷告訴自己今天會很難熬。當你想像今天需要完成的所有工作時，就已經感到疲憊不堪了。

心理學家已經證明，**心理痛苦才是消耗你大部分能量的因素**。畢竟，整天坐在辦公桌前應該沒那麼累人，但許多人卻在一天結束時感到筋疲力盡。戴爾・卡內基（Dale Carnegie）在經典著作《卡內基快樂學》一書中寫道：「美國最傑出的精神病學家之一——A・A・布里爾博士（Dr. A. A. Brill）甚至更上一層樓，他宣稱：『健康狀態良好的久坐辦公者，百分之一百的疲勞都源自於心理因素，也就是源自於情緒因素。』」

人們經常為自己施加了大量的痛苦。隨著你繼續閱讀這本書，將會了解到這種行為有多麼荒謬。你會注意到身邊的人沉迷於無法改變的過去；你會看到家人和朋友為無法預測的未來憂心忡忡；你會看見人們反覆咀嚼著同樣的想法，陷入一個循環的心理困境，與僅僅存在於腦袋中的問題抗爭。

數千年來，神秘學家告訴我們，問題都在我們的頭腦裡。他們一再邀請我們要向內看。然而，今天有多少人將他們的話聽進去？

有太多人對問題上癮。我們不放下它們，反而去抱怨、扮演受害者、責怪他人，或討論問題卻不做任何事去解決它。若要減輕這種心理痛苦，我們就必須拒絕以負面的、令人感到無力的方式來詮釋情緒。

為什麼問題並不存在？

如果我們再進一步客觀地看待現實，我們甚至可以說——問題其實並不存在。之所以這麼說的原因如下：

◆ **那些你不專注於其上的事物，就不存在**：只有當你去注意某個問題時，那個問題才會存在。從你頭腦的角度來看，你不去思考的事物就不存在。讓我們假設一個情境，想像你失去了雙腿，如果你立刻接受了這個事實，並拒絕對它進行任何思考，那麼就不會有問題，也不會出現心理痛苦。你只會單純地活在現實之中。（當然，情況通常不是如此。）

- **問題只存在於時間裡**：問題只能存在於過去或未來，那麼，過去和未來存在於哪裡呢？在你的頭腦裡。要承認一個問題，你就必須使用你的思想，而思想存在於時間裡，而非當下。
- **問題需要被貼上「問題」標籤，才能實際存在**：唯有當你將某種處境詮釋為問題時，問題才會存在，否則，就沒有問題。

這個概念可能一開始會難以理解，但它是一個基本的理論。在接下來的章節裡，我們將探討影響情緒的不同要素。

掌控情緒自助練習簿

了解情緒的本質

為了幫助你了解情緒的本質，我們將在本單元中聚焦於一種特定情緒。

花幾分鐘的時間，在腦海中想像每個步驟，依序進行以下十個步驟。如果閉上眼睛有幫助，你可以這麼做。

◆ **步驟 1**：選擇你最近經歷的一種負面情緒。我的負面情緒是：

◆ **步驟 2**：承認這種情緒不是壞的。觀察它如何來了又去，而且它不是你。

◆ **步驟 3**：回憶這種情緒，注意到它在你當下的現實中是遍尋不著的。

◆ **步驟 4**：問問自己能從這種情緒中學到什麼。它試著告訴你什麼？你如何利用它來成長？

◆ **步驟 5**：注意這種負面情緒如何污染了你所有的體驗，甚或欺騙你相信自己永遠無法擺脫它。

◆ **步驟 6**：回想你如何感到需要認同這種負面情緒，以及它所伴隨的故事。想一想你原本可以讓自己從中抽離的可能性。

◆**步驟7**：記住這種負面情緒如何讓你的視野變得狹隘，而且限制了你的潛力。

◆**步驟8**：觀察你當時如何吸引了更多的負面情緒。

◆**步驟9**：注意你如何透過加上自己的評斷，從這種情緒創造出心理上的痛苦。

◆**步驟10**：最後，了解到你的負面情緒只存在於你頭腦的思維中，並注意到現實本身並沒有問題。

PART

2

影響情緒的各種因素

你的頭腦運作遵循著著名的計算原則，也就是「垃圾進，垃圾出」（garbage in, garbage out）。如果你做壞事、說壞話、想壞事，那麼殘留的影響就會讓你感覺很壞。如果你做好事、說好話、想好事，結果就會是好的。

——嗡．斯瓦米（Om Swami），《一百萬個思想》

情緒是很複雜的，許多因素都會影響你的感受。在這部分的內容裡，我們將探討一些影響情緒的因素。好消息是，你對它們有一定的控制權。

如果我們排除由生存機制產生的自發性情緒反應，就會發現大部分的情緒都是自我創造的。它們源自於你如何詮釋思想或事件。然而，這些並不是影響你情緒狀態的唯一因素。你的身體、你的話語、你吃進去的食物和睡眠量，在決定你的情緒品質方面也扮演了重要的角色，從而影響了你的生活品質。

讓我們個別看看這些因素如何影響了你的情緒。

—第4章—

睡眠對情緒的影響

你的睡眠品質與睡眠時長會影響你的情緒狀態。

睡眠不足的風險

你可能已經親身體驗過睡眠不足的副作用了。也許你會暴躁易怒、無法集中精神、無精打采，或是無法處理負面情緒。睡眠不足會以許多方式影響情緒。根據一項針對罹患焦慮症或憂鬱症之民眾所做的調查顯示，大多數受訪者每晚的睡眠時間少於六小時。

睡眠不足也會增加死亡的風險。一項二〇一六年由非營利組織「藍德歐洲」（RAND Europe）的研究人員所做的研究顯示，每晚睡眠不足六小時的人，其死亡風險比每晚睡眠七至九小時的人增加了十三%。同一項研究顯示，睡眠不足每年造成美國經濟約四千一百一十億美元的損失。

有趣的是，睡眠不足似乎還會降低個人享受正面體驗的能力。一項研究顯示，睡眠充足的人在正面體驗中確實能感受到正面影響，但睡眠不足的人卻無法體驗到這種效果。

改善你的睡眠品質

有許多方法可以改善你的睡眠品質，讓我們來看看其中一些做法：

◆ **確保臥室是黑暗的**。許多研究顯示，臥室越黑暗，我們的睡眠品質就越好。如果你的房間並非完全黑暗，該怎麼讓它變得更暗呢？也許你可以買一副睡眠眼罩，或是更能遮光的窗簾。

◆ **晚上盡量避免使用電子設備，智慧手機、平板電腦、電視等**。SleepFoundation.org 指出，「研究顯示，即使是小型電子設備也會發出足夠的光線，來誤導大腦並提高清醒程度。身為成年人，我們會受到這些影響，孩子們更容易。」二〇一四年發表在《美國國家科學院院刊》上的一項研究顯示，與閱讀紙本書籍的受試者相比，使用電子設備閱讀的受試者，其體內的褪黑激素（一種幫助調節睡眠模式的化學物質）減少了五十％。這些受試者的入睡時間延長了大約十分鐘，並且失去了十分鐘的深度睡眠

（又稱「快速動眼期睡眠」，簡稱ＲＥＭ）。這些受試者還表示，早上感覺不那麼警醒。即使你的電子設備有夜間模式，它仍然會對你的睡眠產生負面影響，但你可以測試一下夜間模式，看看它能否改善你的睡眠品質。如果你晚上非得使用電子設備，可以考慮戴上能阻擋藍光的眼鏡；最好是在睡前幾個小時就戴上眼鏡。

◆**讓頭腦放鬆**。如果你和我一樣，那麼在該入睡時，腦袋裡可能還充斥著各式各樣的念頭。我常常對自己腦袋裡的新點子或想做的事而興奮不已，也會覺得自己在白天應該可以完成更多事，而這些感覺讓我輾轉反側，夜不成眠。除了在睡前關掉電子設備之外，我發現聽聽舒緩身心的音樂真的很有幫助。閱讀紙本書也能幫助我放鬆（只要我沒有因為內容太精彩而興奮過度，但這種事很可能發生）。

◆**避免在睡前兩小時內喝太多水**。這一點顯而易見，如果你半夜必須起來上廁所，就會打斷你的睡眠模式，這當然很可能會讓你在第二天更疲倦。

◆**建立夜間儀式**。這個做法本身就能幫助你更快入睡。最好每天晚上在相同時間就寢，包括週末。若你喜歡在週末外出並熬夜，這就是一項挑戰了，但我鼓勵你嘗試一下，看看效果如何。夜間儀式還能幫助你維持早晨儀式的節奏，若你有一個早晨和夜間儀式，每天會更容易在相同時間醒來而不會覺得疲倦。如果你喜歡週末外出並熬夜，有一件事是你可以做的，那就是仍像平日一樣早起，然後在白天根據需求小睡幾次。

如果你不容易入睡，可以試著採用上述的一些建議。我能給你的最佳建議就是不斷嘗試各種策略，直到你找到最適合自己的方法。

掌控情緒自助練習簿

你如何改善睡眠？

改善你的睡眠品質，也有助於改善你的情緒，你會做哪些事來改善睡眠？

範例：

◆我會在睡前靜心冥想。

◆我會擬定一個十分鐘的晚間儀式，包括感恩練習、伸展運動和靜心冥想。

—第5章—

利用身體來影響情緒

我們的身體會改變我們頭腦的思維，我們的思維會改變我們的行為，而我們的行為會改變我們的結果。

——艾美．卡迪（Amy Cuddy），社會心理學家

肢體語言與身體姿勢

藉由改變你的肢體語言和身體姿勢，你可以改變自己的感受。當你覺得自信或快樂時，會伸展身體，讓自己變得更大。你有沒有注意到，男人在看到吸引他的女人時，會將背部打直，挺起胸膛，縮緊腹部？這是一種無意識的行為，目的是展現自信和力量（就像大猩猩捶打自己的胸膛一樣）。

哈佛商學院的社會心理學家艾美．卡迪在一項實驗中展示，受試者僅僅採用一個「高權力姿勢」（high-power pose）兩分鐘，便表現出類似於自信和有權勢之人的特徵。

具體來說，她注意到了以下的荷爾蒙變化：

◆採用高權力姿勢兩分鐘後……

・睪固酮濃度增加了二十五％。
・皮質醇濃度降低了十％。
・風險承受能力增加，八十六％的受試者選擇參加一場博弈遊戲。

◆採用低權力姿勢兩分鐘後……

・睪固酮濃度降低了十％。
・皮質醇濃度增加了十五％。
・風險承受能力降低，只有六十％的受試者選擇參加一場博弈遊戲。

如你所見，僅僅藉由改變你的身體姿勢或臉部表情，就能改變自己的感受。這就是一些人所謂的「假裝，直到成真」，例如，你可以在臉上掛著微笑，讓自己感覺更快樂。相對地，你也可以藉由改變身體姿勢來對情緒造成負面影響，甚至引發憂鬱症。

大衛・K・雷諾茲（David K. Reynolds）在《建設性生活》一書中，描述了他如何改變身分成為自己的「另我」大衛・肯特（David Kent），並創造出一個憂鬱、想自殺的患者。他的目標是以匿名患者的身分進入各種精神病院，從內部進行評估。值得注意的是，他並不是在模仿憂鬱，而是真正的憂鬱了，心理檢測結果證實了這一點。他是這樣創造憂鬱情緒的：

「憂鬱的情緒可以這樣創造出來：駝著背坐在椅子上，肩膀下垂，頭低垂。反覆說著這些話：『沒有人能做什麼，沒有人能幫我，無望了。我絕望了，我放棄了。』搖頭，嘆氣，哭泣。總之，表現得很憂鬱沮喪，真實的感受便會隨之而來。」

運動的益處

波士頓大學心理學教授麥可・奧圖（Michael Otto）說：「在心情不佳時不去運動，就像頭痛時故意不吃阿斯匹林一樣。」

當「大衛・肯特」要讓大衛・K・雷諾茲復活時，你覺得他需要做什麼？他需要改變自己的身體姿勢。這說來容易，但在臨床診斷為憂鬱症的情況下，實際上做起來卻很難。當然，他比任何人都更清楚這一點。儘管如此，他還是必須強迫自己的身體活躍起來，雖然他根本不想這麼做。於是，他開始增加體力活動，讓自己忙碌起來，他的感覺也隨之越來越好，直到完全康復。

大衛・肯特的故事說明了，**定期運動不僅能改善你的身體健康，還能改善你的情緒**。研究顯示，運動能像抗憂鬱藥物一樣，有效治療輕度至中度的憂鬱症。在一項研究中，杜克大學的臨床心理學家詹姆斯・布魯門薩爾（James Blumenthal）將患有重度憂鬱症且久坐不動的成年人分為四組：監督下的運動組、在家運動組、抗憂鬱藥物療法組和安慰劑組。四個月後，布魯門薩爾發現，運動組和抗憂鬱藥物組的緩解率最高。他在結論中指出，運動的效果與抗憂鬱藥物差不多。一年後，布魯門薩爾對同一批患者進行了追蹤調查，發現那些仍然定期運動的人的憂鬱分數，比那些僅偶爾運動的人更低。運動似乎不僅有助於治療憂鬱症，還有助於預防憂鬱症的復發。因此，在掌控情緒方面，請確保將運動放進你的工具箱。

幸運的是，要享受運動的好處，你不必每天跑十六公里。**只要每週五天，每次步行三十分鐘，就能產生驚人的效果**。根據《公共科學圖書館：醫學》上發表的研究顯示，每週兩個半小時的適度運動，可以讓你的壽命延長三年又三個月。丹麥有一項針對五千人的研究顯示，定期運動的人比久坐不動的人多活五到七年。

至於運動對情緒帶來的好處，不僅是立即的，也是長期的。心理學教授麥可・奧圖表示，通常在參加適度運動後的五分鐘內，你就會感受到情緒提升的效果。而且，正如我們剛剛看到的，定期運動能改善長期的心理健康，並且像抗憂鬱藥物一樣有效。

那麼你呢？你會選擇什麼活動來改善心理和身體健康呢？

你如何運用身體？

你的肢體語言、身體姿勢以及運動，都會影響你的感受和情緒，你會進行哪類的運動？你會使用「高權力姿勢」嗎？（關於高權力姿勢的範例，請在 YouTube 上搜尋：TED talk Amy Cuddy）

第6章

利用思想來影響情緒

你會成為自己整天所思所想的樣子。

——愛默生（Ralph Waldo Emerson），散文家和詩人

你的思想定義了你是誰，並且創造了你的現實。這就是為什麼你應該**將自己的思維集中在你想要的事物上，而不是你不想要的**——正如成功專家布萊恩·崔西（Brian Tracy）所說：

「成功的關鍵，在於將我們的意識集中在渴望的事物上，而不是恐懼的事物上。」

靜心冥想的益處

在佛教裡，人的心念常被稱為「猴子心」，比喻人的思想念頭就像猴子不斷在樹林間盪來盪去。牠們無處不在，也似乎永不停歇。靜心冥想能幫助人馴服這隻猴子，對治它的不安定。

你在靜心冥想時，會變得更加覺知到不斷湧入頭腦裡的思緒之流。透過練習，你將學會**與思想念頭保持距離**，**降低它們的力量與影響力**。如此一來，你經歷的負面情緒會變少，並且會感到更加平靜。

視覺化（觀想）的益處

由於潛意識無法清楚分辨真實經驗和「虛構」的經驗，這意味著你可以**透過視覺化來模擬想要的經歷**，藉此欺騙你的大腦。你所視覺化的細節越多，你的大腦就越會將這些經歷詮釋為真實的。透過視覺化來激發感謝、興奮或喜悅等正面情緒，你便能訓練頭腦的思維，讓自己體驗到更多正面情緒。我們將在第十四章〈訓練頭腦去體驗正面情緒〉P130探討。

掌控情緒自助練習簿

你如何運用思想？

你的思想定義了你是誰，並創造了你的現實。

你會靜心冥想、使用正面肯定句或視覺化的觀想嗎？範例如下：

- 我會在每天早上將目標視覺化五分鐘，讓自己感覺像是已經完成它。
- 我會在每天早上醒來後靜心冥想五分鐘，持續三十天。
- 我會每天花五分鐘的時間重複肯定句：「我喜歡自信的感覺。」

第7章

利用言語來影響情緒

你的言語對你的思想和行為所產生的影響，比你想像中更大。**由於你的思想、言語和行為是相互關聯的，所以它們也會彼此影響**。

舉例來說，當你缺乏自信時，就會使用一些特定的詞語，例如「我會試試看」、「我希望」或「但願」。

因此，使用其他特定的詞語也可能讓你覺得更沒自信，但另一方面，這也代表你可以藉由使用「我會」這樣的詞語來增強自信心。

例如，比起說「我希望我能轉行」或「我會試著在這個月底完成這個專案」，說「我會轉行」或「我會在這個月底完成這個專案」會讓你覺得更有信心。

若要提升自信心，請用展露自信的詞語，代替那些流露出自我懷疑的詞語，如下所示。

◆ **應避免的詞語：**

- 可能會／可能可以／應該（假設語氣）
- 試著／希望／但願
- 也許／或許
- 如果一切都沒問題
- 如果一切順利

◆**應使用的詞語：**

- 我會
- 絕對
- 無疑
- 當然
- 確實
- 確定
- 顯然
- 毫無疑問
- 沒問題

正面肯定句的力量

所謂的正面肯定句，是你經常對自己重複，直到潛意識接受它們為真實的句子。經年累月下來，它們能幫助你訓練頭腦思維，並體驗到正面情緒，例如自信或感謝。若想了解如何訓練頭腦思維的資訊，請參閱第十四章〈訓練頭腦去體驗正面情緒〉的內容P130。

如何使用正面肯定句

◆ 使用現在式，而不是未來式（「我是」而非「我將會是」）。
◆ 避免使用否定形式，例如「我不害羞」，而是使用「我很有自信」。
◆ 重複該句子五分鐘。
◆ 每天堅持不懈做這件事，沒有例外，至少持續一個月，最好是更長的時間。
◆ 同時使用視覺化的技巧，並投入情感。

一些力量強大的肯定句例子

◆ 我喜歡自己充滿自信的感覺。

◆別人對我的看法是好是壞，我都不受影響。
◆我不比任何人差，也沒有任何人比我差。
◆我愛你，〇〇〇（填入你的名字，並在照鏡子時，看著自己的眼睛這麼說，例如說：「我愛你，提博特。」有點尷尬，對嗎？）。
◆謝謝你。

每天都可以做的話語練習

◆每天使用正面肯定句五分鐘。
◆注意那些表現出缺乏承諾、自信或果斷的詞語。例如，在發送電子郵件前仔細檢查，刪除「我會試試看」、「我應該」、「我希望」等說法，並用「我會」或同樣果斷的詞語來代替。在接下來的三個星期內，給自己一個挑戰，避免使用表現出缺乏自信的語句。

※附加小撇步

數十年來，世界知名的人生教練東尼·羅賓斯（Tony Robbins）在會見客戶或主持研討會之前，都會使用他自己所謂的「咒語」。他會同時運用身體和特定的詞語，來讓自己進入正確狀態，並達到一種絕對確定的層次。

在你執行自己的肯定句時，試著讓你的身體也同時投入。記住，你的言語和身體都會影響你的情緒。

第8章

呼吸對情緒的影響

透過學習有意識地呼吸和行走，
你可以提升情緒、掌控能量水準，
並根據需求調整心智狀態。

——《呼吸行走：用呼吸喚醒身心靈》

你可以好幾天不吃飯或不睡覺，但無法在沒有氧氣的情況下存活超過幾分鐘。

雖然呼吸應該是一件自然發生的事，但事實上，許多人並不知道該如何恰當地呼吸，以至於無法產生應有的能量。

沒有恰當呼吸的人，會比其他人更容易感到疲憊，而且這會影響他們的心情，讓他們更容易產生負面的情緒。

恰當的呼吸能為你帶來各方面的好處。

緩慢呼吸

將呼吸放慢有助於舒緩焦慮情緒，古魯查蘭·辛·卡爾莎（Gurucharan Singh Khalsa）和尤吉·巴贊（Yogi Bahjan）在《呼吸行走：用呼吸喚醒身心靈》一書中，提到了緩慢呼吸的以下好處：

- **每分鐘八次呼吸循環**：釋放壓力並增強覺知力。
- **每分鐘四次呼吸循環**：強烈的覺知感、強化的視覺清晰度、增強的身體敏感度。
- **每分鐘一次呼吸循環**：優化大腦半球之間的合作，大幅度平息焦慮、恐懼和擔憂。

快速呼吸

快速呼吸，如「火呼吸」（Breath of Fire），能幫助你釋放壓力、變得更警覺並擁有更多能量，還有其他好處。（你可以在 YouTube 上搜尋「火呼吸」來觀看教學影片）。

如果你想了解更多關於如何用呼吸改變情緒的資訊，可以參考《呼吸行走：用呼吸喚醒身心靈》這本書，或是搜尋其他與呼吸有關的書籍。

你如何運用呼吸？

呼吸也能改變情緒，你如何運用呼吸來改善情緒呢？範例：每次感受到負面情緒的時候，我會緩慢呼吸幾分鐘。

—第9章—

環境對情緒的影響

你的環境也會影響你的感受（註：共感性很強的人，會比一般人更容易受到環境的影響，進而引起情緒的波動）。

我所謂的環境，是指你周圍的一切，包括和你來往的人、觀看的電視節目，或是居住的地方；這一切都可能以某種方式對你感受產生影響。

舉例來說，和負面的親戚共處，可能會讓你情緒低落；看到戰爭、饑荒、意外事故、社會案件之類的新聞，可能會讓你焦慮不安；嘈雜的地方可能會讓你煩躁、難以專注；陰暗、缺乏陽光的居住空間可能會讓你鬱鬱寡歡、活動力下降；凌亂的書桌也可能讓你變得消極——我發現，當我覺得消極、缺乏動力時，清理書桌、打掃房間或重新整理電腦上的檔案，往往能夠帶給我動力。

如果想了解更多關於如何利用環境改變情緒的資訊，可以參見第十六章〈改變環境就能改變情緒〉的內容 P150。

改變環境後，會如何改善你的情緒？

你周圍的一切都可能以某種方式影響你的情緒，你會做哪些改變來改善情緒呢？

範例：

- 我會每天閱讀十分鐘的勵志書籍，並減少看電視的時間。
- 我會減少與負面朋友相處的時間。
- 我在接下來的三十天裡，每天只會花十五分鐘在社交媒體上。

第10章

音樂對情緒的影響

我們都知道音樂會影響我們的情緒。誰在健身時沒聽過電影《洛基》的主題曲呢？舉例來說，音樂可以：

- ◆幫助你在疲倦時放鬆。
- ◆在你低潮時激勵你。
- ◆在健身時幫助你堅持下去。
- ◆幫助你產生感謝的心情。
- ◆讓你進入正面的情緒狀態。

一些研究顯示，聆聽正面的音樂可以幫助人們提升情緒。在二〇一二年進行的一項研究中，受試者在兩週內每次只聽十二分鐘的正面歌曲，共五次後，報告顯示，他們的正面情緒獲得明顯提升。有趣的是，這只對那些被告知要努力提升情緒的受試者有效，其他受試者並未表示有這種情緒提升的現象。

二〇一四年進行的另一項研究顯示，音樂有助於減少負面情緒並提高自尊心，如下所示：「音樂的介入對心理層面最顯著的影響，可以在與情緒密切相關的面向觀察到，尤其是減輕憂鬱和焦慮成分，以及改善情感表達、溝通與人際來往技巧、自尊心與生活品質方面。」

賓州州立大學的薇拉麗・N・史崔頓（Valerie N. Stratton）博士和安奈特・H・扎拉諾斯基（Annette H. Zalanowski）也研究了音樂對情緒的影響。他們要求學生在兩週內記錄音樂日誌。史崔頓總結道：「我們的學生樣本在聆聽音樂後，不僅報告了更多的正面情緒，甚至他們原有的正面情緒也因為聆聽音樂而強化。」

有趣的是，音樂類型和學生聆聽音樂的背景環境並未影響結果。無論他們聽的是搖滾樂還是古典樂，無論是在家裡、開車時，或是正式社交場合，他們的情緒都獲得了改善。

使用音樂來訓練頭腦

你可以更進一步，利用音樂的力量來訓練你的頭腦，建立符合自己情緒需求的播放清單。雖然製作播放清單十分耗時，但卻非常值得。世界級耐力運動員及教練克里斯多夫・伯格蘭

（Christopher Bergland），便使用音樂來幫助自己保持動力，發揮最佳表現。他在《今日心理學》發表的一篇文章中寫道：

「身為運動員，我培養出一種理想心態來達到巔峰表現，並利用一套經過時間驗證的歌曲來鞏固這另一個我（另我，alter ego）和無敵心態。在訓練和比賽中，即使在非常惡劣的天氣條件下，或是當我的身體覺得難受時，我都可以利用音樂（和我的想像力）來創造一個幾乎與現實無關的平行宇宙。我用音樂來保持樂觀，並在進行超級耐力比賽時，將杯子看成永遠是半滿的。你可以在運動時或在日常生活中以同樣的方式使用音樂，將它當成一種工具。」

克里斯多夫還喜歡在重要面試或公開演講前，聆聽特定的歌曲。我個人喜歡聽一些讓我產生感恩情緒的歌曲。你呢？你如何利用音樂來改善自己的情緒呢？

練習：嘗試不同類型的音樂

嘗試不同類型的音樂，看看如何利用它們來提升自己的情緒。例如，你可以利用音樂來幫助你靜心冥想、健身或做作業。在此過程中，請記住以下幾點：

- **每個人都不同**：不要因為一首歌流行就去聽它，你聽一首歌是因為它讓你感受到你想要感受的情緒。**每個人都有不同的音樂品味，唯一重要的是你聽音樂時的感受。**

◆ **不斷嘗試**：聆聽不同類型的音樂，看看它們讓你有什麼感覺。你覺得受到啟發？受到激勵？還是快樂？放鬆？現在就開始為你想要體驗的特定情緒，建立播放清單。

掌控情緒自助練習簿

你如何運用音樂來改善心情？

我們都知道音樂會影響我們的情緒，你會如何運用音樂來改變情緒呢？範例：

◆ 每天早上做感恩練習時，我會聆聽感恩的歌曲。

◆ 當我開始感覺情緒有點低落時，會聆聽或觀看勵志影片，隨著音樂起舞或活動身體，來改變情緒狀態。

◆ 當我工作時，會聽古典音樂或白噪音，讓自己更能夠專心。

PART 3

如何改變你的情緒？

●●●

頭腦總是力求否認當下並逃避它，換句話說，你越是認同於你的頭腦，就越痛苦。或者你可以這樣說：你越是能夠尊重並接受當下，就越能夠擺脫痛苦和折磨，也就是擺脫自我中心的頭腦。

——艾克哈特．托勒，《當下的力量》

在這些章節內容裡，我們將探討如何處理負面情緒，並訓練你的頭腦，好讓你體驗更多正面情緒。

首先，我們將討論情緒是如何形成的，接著探討正向思考的好處，以及如何利用它來訓練頭腦與思維。之後，我們將了解為什麼僅靠正向思考是不夠的，還有什麼其他方法可以處理負面情緒。

更具體地說，你將學到：

◆ 如何放下情緒。
◆ 如何改變你的故事，並創造一個更能賦予你力量的故事。

◆ 如何訓練你的頭腦。

◆ 如何利用你的行為來改變情緒。

◆ 如何改變環境以減少負面情緒。

最後，我會分享一系列短期和長期的應對方法，幫助你更有效地處理負面情緒。讓我們開始吧！

— 第11章 —

情緒如何形成？

當一個念頭在你心念的畫布上出現時，如果你不放掉它，它所追求的就可能變成一種欲望，或是變成一種情緒；可能是正面，也可能是負面的。

——喻．斯瓦米，《一百萬個思想》

很少人知道情緒是如何形成的。雖然我們一整天都在體驗情緒，即使曾有疑惑，我們也很少花時間去了解，為什麼我們會感受到這些情緒，以及它們是如何產生的。

情緒形成的公式

首先，讓我們區分兩種類型的負面情緒。

第一類是你自發經歷的負面情緒，這些是讓你得以保命的情緒，譬如我們的祖先在遇到劍齒虎時感受到的恐懼。

第二類的負面情緒是你透過認同自己的想法，而在頭腦裡創造出來的。這些情緒不一定是由外在事件所觸發，但也可能是。這些情緒往往比第一類情緒更持久。

以下是它們的運作方式：一個隨機的想法冒出來，你認同了這個想法。這種認同會創造出情緒反應。隨著你不斷認同這個想法，相關的情緒也會變得越來越強烈，直到它成為一種核心情緒。

讓我們來看看一些例子：

- 你有金錢上的問題，每次你的頭腦出現與金錢有關的想法時，你都會認同這些想法。結果，你對金錢的擔憂越來越強烈。
- 你和朋友吵架，結果與他疏遠了。你無法自拔地不斷在腦海中重播這個場景，結果，幾個月過去了，你依然沒打電話跟朋友和解。
- 你在工作中犯了一個錯，感到很羞愧。你一遍又一遍地重複這種念頭，結果你的自卑感越來越重。

你不斷認同負面想法的這種傾向，會讓負面想法變得越來越強烈；你越專注於你的財務挑戰，相關的想法就越容易在未來出現；你在腦海中重播與朋友爭吵的情景，怨恨的情緒就會益發強烈；同樣地，當你不斷思考自己在工作中所犯的錯誤時，就會感受到更強烈的羞恥感並加劇這種情況。

重點是，**當你給予這些想法存在的空間，它們就會蔓延並成為主要的焦點**。這種簡單的認同過程，讓看似無害的想法控制了你的頭腦。這種對想法的認同，以及更重要的——你選擇如何解讀、詮釋它們，將會在你的生活中製造痛苦。

現在，讓我們更詳細地了解情緒是如何形成的，這能幫助你更有效地處理負面情緒，同時讓正面情緒得以成長。

以下是一個解釋情緒如何形成的公式：

詮釋＋認同＋重複＝強烈的情緒

- **詮釋**：當你根據個人的故事詮釋一個事件或想法時。
- **認同**：當你在某個特定想法產生時，認同那個想法。
- **重複**：一遍又一遍地重複相同的想法。
- **強烈的情緒**：你多次體驗到一種情緒，以至於它已經成為你身分的一部分。每當有相關的想法或事件觸發它時，你就會再次體驗到這種情緒。

詮釋、認同和重複加在一起，為情緒的增長提供了空間。相反地，只要你去除這個公式裡的其中一個要素，這些情緒便無法再掌控你。

總結來說，情緒的強度和持續時間要增強，首先你必須對一個事件或一個想法進行詮釋，然後你必須在想法出現時認同它，最後，你必須一遍又一遍地重複相同的想法，並且認同它。

現在，讓我們更深入地探討這個公式裡的每個組成要素。

詮釋

詮釋＋認同＋重複＝強烈的情緒

負面情緒總是源自於你對事件的詮釋。這就是兩個不同的人對同一個事件做出不同反應的原因。一個人可能會沮喪不已，而另一個人可能不受影響。

舉例來說，對一個農夫而言，雨水可能是祝福，但對一個要去野餐的人來說，雨水卻是一種詛咒；這是因為他們賦予事件不同的意義。**簡單來說，要產生負面情緒，你必須對某個特定事件進行詮釋**。事件本身無法在沒有你同意的情況下，觸發負面情緒。

那麼，為什麼你會不斷體驗負面情緒？我認為，這是因為**現實無法滿足你的期望**。

- 你希望現實是某個樣子，但實際情況卻是另一個樣子。
- 你想去野餐並希望天氣很好，但卻下雨了。
- 你想在工作上獲得升遷，但你沒有得到。
- 你想經營副業來賺錢，但卻不順利。

你對現實的詮釋，可能在你的生活中創造了痛苦。現實本身永遠不會是令人沮喪的，這一點值得我再複述一遍。我們會在第十二章〈改變你的詮釋〉的內容中，深入探討如何做到這件事［P112］。

認同

詮釋＋**認同**＋重複＝強烈的情緒

現在，讓我們將焦點放在公式的第二部分：認同。要讓一種情緒長期存在，必須有一個認同過程。除非你給予情緒關注，否則它們無法持續。你越是將焦點放在你的情緒，而且還加以認同，它們就會變得越強大。

人們往往覺得有股衝動，想要認同自己的情緒，而且發現自己無法擺脫它們。他們沒有了解到世界上最重要的真理之一：**你不是你的情緒；你的情緒總是來來去去的**。

所以，當你發現自己在說「我很難過」的時候，請記住，這並不正確。沒有人曾經是「難過」，因為你的情緒不是真正的你。它們可能看起來像你，但很快就會消失，就像飄在天空的雲朵一樣。你可以將自己想像成太陽，太陽始終都在那裡，無論你是否感覺到它，無論它是否被雲遮蔽，都一直在那裡。

你不是你的情緒。你不是悲傷的，你只是經歷了一種你在特定時間點稱之為「悲傷」的感覺。這是一個很重要的觀點，我希望你能看出這其中的差別。

另一種看待情緒的方法，是將它們視為你身上穿的衣服。

你現在穿的是什麼樣的情緒衣服？是興奮？憂鬱？悲傷？請記住，明天，或者一個星期後，你可能就會換上不同的衣服。

你穿著衣服（情緒）的時間長短，取決於你有多喜歡它們（亦即你對情緒的執著程度）。**情緒本身是沒有力量的，賦予它力量的，是你有意識或無意識的認同**。這就是那些沒有被關注的情緒最終會消散的原因。

試試以下的練習：

每當你生氣時，可以讓自己去做一些需要全神貫注的活動，你會發現自己的憤怒很快就煙消雲散。相反地，如果你不斷沉浸在憤怒的感覺裡，就會看到它成長茁壯，直到它成為你的一個主要情緒狀態。

重複

詮釋＋認同＋**重複**＝強烈的情緒

你如何詮釋一個事件或想法，決定了你會有什麼感受。當你認同自己的想法或感受時，它們就會轉變為情緒。現在，如果你不斷重複這種過程，就會將自己的頭腦訓練成習慣於這些特定的情緒（無論是正面的，還是負面的）。例如，如果你將注意力放在（你認為）朋友對你的所作所為，怨恨的感覺就會增強，結果，你可能會懷恨在心好幾個月。人們經常這麼做，白白浪費了許多時間去執著於那些毫無意義的負面情緒，只因他們放不下。

相反地，如果你能擺脫怨恨的念頭，只是單純觀察它們，那麼隨著時間過去，這些情緒的力量就會逐漸減弱，相關的怨念也會消失。事實上，如果你在怨恨的想法剛出現時就放下它，這些怨恨的情緒幾乎會立刻消散。我們將在第十三章〈放下你的情緒〉的內容中探討如何做到這件事P120。

回顧過去的事件，深入了解情緒如何形成

情緒的形成過程如下：

詮釋＋認同＋重複＝強烈的情緒

◆ **詮釋**：當你根據個人的故事詮釋一個事件或想法時。

◆ **認同**：當你在某個特定想法產生時，與它認同。

◆ **重複**：一遍又一遍地重複相同的想法。

◆ **強烈的情緒**：你多次體驗到一種情緒，以至於它已經成為你身分的一部分。每當有相關的想法或事件觸發它時，你就會再次體驗到這種情緒。

現在，回想過去一個讓你產生負面情緒的事件，例如，你上次感到沮喪、悲傷、憤怒或覺得自己不夠好的時候，並寫出以下每個過程中發生了什麼事！

◆ **詮釋**：發生什麼事？你出現什麼樣的想法？

◆ **認同**：你如何回應這些想法？

◆ **重複**：你是否不斷反覆認同這些想法？

第12章

改變你的詮釋

屠宰場的景象可能會引發你的負面情緒，但是對於業主來說，這可能是正面的；對操作機器的人來說，這可能是自然的。這一切都取決於你是如何被制約（訓練）的。

——喻．斯瓦米，《一百萬個思想》

事件或想法本身，並不帶有改變你的情緒狀態的力量。讓你產生情緒的，是你如何選擇詮釋這個事件或想法。

事實上，這就是兩個人會對同一種情況做出不同反應的原因：一個人會看到問題，並怪罪外在的環境，另一個人則會看到一個值得擁抱的機會；一個人會停滯不前，而另一個人會成長與蛻變。

你如何詮釋事件，與你對生活的普遍性假設緊密相關。因此，我們必須先深入探討導致這些詮釋的潛在假設。

解析你對世界所抱持的「假設」

要進入某種情緒狀態，前提是你對「事物應該如何運作」抱持著一些假設。**這些假設構成了你的主觀現實，因為你確信它們是真實的**（註：但事實上，我們甚少看到事實的全貌），**所以不會去質疑它們**。

以下是一些你可能抱持的假設例子：

◆問題應該被避免。
◆這是一個問題。
◆我應該要健康。
◆我至少會活到七十歲。
◆我必須結婚。
◆抱怨是正常的。
◆耽溺於過去並沒有錯。
◆我需要擔心未來，以及／或者……
◆除非○○○（填入你的答案），否則我無法快樂。

現在，讓我們逐一檢視這些假設：

◆ **問題應該被避免**：許多人都想要擺脫他們的問題，但是，如果你不能呢？如果你不需要呢？確實，有些人的問題比其他人「好」（註：好解決、影響小……），但每個人都有問題。如果「你不應該有任何問題」的假設是錯誤的，那會怎樣？如果你需要學會在雨中跳舞，並充分利用你的問題，又會怎樣？如果問題只是需要克服的挑戰、是生活的一部分呢？

◆ **這是個問題**：如果被你貼上「問題」標籤的事情，其實並不是個問題呢？如果它並不像你所想的那麼重要呢？如果它其實是一個偽裝起來的機會呢？你可以怎麼做，才能讓它變成機會呢？

◆ **我應該要健康**：我們往往視健康為理所當然，但我們無法保證明天自己不會生病。如果你的健康是一份祝福，而不必然是原本該有的狀態呢？這樣會不會讓你以不同的方式看待你的健康？

◆ **我必須結婚**：也許是，也許不是，那只是你的詮釋而已。**「應該」或「必須」，通常是社會或父母對你的期望，但不代表事情必須如此——這往往是文化的規範或受到制約的行為。**

◆ **我至少會活到七十歲**：你可能認為自己會長命百歲，但如果情況並非如此呢？長壽難道不是一份祝福，並非理所當然的事嗎？遺憾的是，有些人年紀輕輕就去世了，這就是現實的本質。人們常說：「他太年輕就去世了！」但這種說法正確嗎？說他去世了，既不會太年輕，也不會太老，會不會更準確？

◆ **抱怨是正常的**：大多數的抱怨都是自我的展現，沒有建設性，既不會幫助你，也無法改變任何事，唯一的作用就是更強化你的自我，並冒犯他人。試著整整一個星期不抱怨，看看會發生什麼。

◆ **耽溺於過去並沒有錯**：你可能經常（過度）沉溺於過去，每個人都會這樣，但你是否意識到過去只存在於你的頭腦中？你是否意識到，無論你做什麼，都無法改變它？從過去學習是有用的，但耽溺於過去並沒有幫助。

◆ **我需要擔心未來**：在某種程度上，擔心未來是一件無法避免的事，但是它並沒有助益。相反地，你應該在當下盡己所能做到最好，以避免未來的問題（註：無論未來發生什麼事，都比較能應變）。

◆ **除非〇〇〇（填入你的答案），否則我無法快樂**：你不需要擁有完美的生活才能快樂。快樂是一個你每天需要做出的選擇，你必須不斷練習；正如我們之前看到的，外在因素不會對你的快樂造成顯著影響。

這些只是你可能抱持的一些假設。我的目的是讓你看到，**你的詮釋以及由此而生的情緒，主要是來自於你對世界所抱持的假設**。因此，為了體驗更多的正面情緒，你必須花點時間重新審視這些假設。

分析你的詮釋

現在，你已經知道，你是根據自己的假設來詮釋事件的。接下來的一些問題，則可以幫助你了解什麼是「詮釋」。

每一個問題，都請二選一。

問題1

□你是否認為一切事情的發生都有原因，並接受它？

□你扮演了受害者的角色？

問題2

□你相信暫時的挫折只是通往成功的里程碑？

□你遇到第一個重大挫折時就放棄？

問題3

□你試圖改變那些無法改變的事情？
□你選擇接受那些無法改變的事情？

問題4

□你相信自己來這個世界是有目的的？
□你的人生只是漫無目的地晃蕩？

問題5

□你認為問題不是件好事，應該避免？
□你相信問題是生活裡必要的一部分？

記住，**那些過著快樂生活的人與那些痛苦度日的人，兩者的區別往往在於選擇如何詮釋自己的人生。**

改變你的故事

透過回答以下問題來分析你的故事。

①列出你目前遇到的其中一、兩個情緒問題。自問：「擺脫哪種情緒後，對我的生活會產生最正面的影響？」

②分析你對這些問題的詮釋。自問：「如果要讓我的故事變成真實的，我需要相信什麼？」

③一個可以為你增強自信、賦予力量的全新詮釋，能幫助你處理這些問題。自問：「我要相信什麼，才能避免經歷這些負面情緒？」

—第13章—

放下你的情緒

情緒只是情緒。它們不是你，它們不是事實，你可以將它們放下。

——海爾·德沃斯金（Hale Dworskin），《瑟多納釋放法》

由於詮釋、認同和重複會導致強烈情緒的產生，我們在本章將探討如何開始放下那些無助於你實現理想生活的情緒。

情緒（E-motions）是流動的能量（Energy in motion），但是當你阻止這種能量流動時，會發生什麼事？

它會累積。

當你壓抑情緒，便打斷了能量的自然流動。

令人難過的是，沒有人教過你如何處理情緒，甚至沒有人告訴過你，**正面和負面的情緒都是自然現象**。人們告訴你的反而是，負面情緒應該要被壓抑，因為它們是不好的。

因此，你可能多年來一直在壓抑情緒。這麼做的結果是讓它們深入潛意識，成為了你身分認同的一部分。它們往往會變成你沒有覺知到的模式，例如，或許你覺得自己不夠好，或是經常感到內疚。這些都是你長時間壓抑情緒，發展出一些核心信念的結果。

大多數人都背負著太多的情感包袱，必須學會放下才行。我們必須清理潛意識，擺脫那些阻礙我們盡情享受生活的負面情緒。

事實上，你的潛意識已經被設定好來幫助你應付生活，它能確保你不會不小心忘記呼吸，還會讓你的心臟保持跳動，調節你的體溫，以及管理其他數百萬件事情。它不需要額外的信念才能維持正常運作，也不需要「儲存」情緒。

如果你和大多數人一樣，大部分的時間都活在頭腦裡，那麼，你很可能會與自己的情緒大幅脫節。**想要開始放下情緒，首先你必須要更深入地體察自己的身體和感受，變得對它們更加覺知。**

以下是能夠幫助你開始放下情緒的一些簡單步驟。

① 帶著抽離的態度觀察你的情緒

每當你體驗到負面情緒，要盡可能以抽離的心態去觀察它，這意味著要與你的身體保持聯繫，要意識到此時**每個穿越你腦海的想法或畫面並不是情緒本身，它只是你對情緒的詮釋。**練習去感受它有什麼感覺，嘗試找到情緒的所在。想像一下自己會如何對別人描述這種情緒。請記住：

- ◆不要陷入圍繞該情緒的故事。
- ◆不要相信你經歷情緒時所產生的任何畫面或念頭。

②為你的情緒貼上標籤

記住，**情緒只是暫時的體驗，或者說，它們只是你暫時穿上的衣服。它們不是「你」**。

當你經歷某種情緒時，你會說類似這樣的話：「我很生氣。」「我很難過。」「我很憂鬱。」請注意，你立刻就對情緒產生了認同感，然而，這並非正確的事實——你所經歷的情緒，與你真正的身分毫無關係。如果你是你的憂鬱，應該會每分每秒都感到憂鬱，幸虧，事實並非如此。

假設你感到難過，與其說「我很難過」，更準確的敘述應該是「我覺得難過」或「我經歷了難過的感受」。

你能看出後兩句與「我很難過」有多大的不同嗎？這讓你有更多的空間將自己與情緒分開

來。當你越來越能夠覺知到自己的情緒，就越能夠為它們貼上標籤，並與它們保持距離，那麼要放下這些情緒就會變得越容易。

③放下你的情緒

你經常會過度認同自己的情緒，並因為以下原因而對它們緊抓不放：

◆ **它們是你對自己所講故事的一部分**。有時候，即使是一個削弱你力量的故事，你也會無法自拔地執著於它。即使知道這些故事對你沒有幫助，你還是可能對這些有害的故事上癮。

◆ **你相信情緒就是你，而且覺得迫切需要認同它們**。你可能會陷入一個陷阱，認為自己就是自己的情緒。結果，你強烈認同了這些情緒，而這會帶來痛苦。

現實生活中的例子

我經常感覺自己不夠好。因此，我認為自己應該更加努力工作，這種信念讓我定下了不可能完成的每日目標清單，即使從早忙到晚也無法完成。我經常無法達成目標，這進一步強化了「我不夠好」的信念。

當我領悟到這只是一個故事時，就開始放下這種信念。然後，我發現自己完成的工作量幾乎相同，卻不需要掙扎，也不會壓力重重。我仍在處理這個問題，但從這個過程獲得了寶貴的收穫。

最具挑戰性的部分，是藉由放下以下這些想法和感受，來放下對故事的執著：

- 「我不夠好，必須更加努力工作」的信念。
- 由於比大多數人更努力工作而產生的自豪感。
- 由於努力工作卻無法得到理想結果的受害者心態。
- 自認為我有點「特別」。
- 認為「世界需要被改變」的概念。
- 認為「必須控制行為所產生的結果」的概念。

如你所見，要放下核心情緒並不容易。**它們已經成為我們身分的一部分，我們甚至從中獲得了某種扭曲的滿足感。我們甚至可能會想，沒有它們的話，我們會是誰。**

④釋放情緒的五步驟流程

海爾．德沃斯金在著作《瑟多納釋放法》中解釋道，情緒出現時，有三種釋放的方式：

◆ **放下它們**。當你經歷負面情緒時，可以有意識地選擇釋放它們，而不是壓抑它們或緊抓不放。

◆ **容許它們存在**。你可以藉由承認它們的存在而不執著於它們，來容許它們存在。

◆ **欣然接受它們**。你可以接納這些情緒，仔細觀察它們，以發現這些情緒的核心。

根據海爾．德沃斯金的說法，每種方式的第一步都是在情緒出現時覺察它們的存在。接著，他介紹了一個五步驟流程來放下情緒：

步驟1

專注於你想要處理的某種情緒，以便讓自己感覺更好。這不需要是「重大」情緒，可以是不想工作或對某件事稍微感到煩躁的小情緒。

步驟2

自問以下任一個問題：

- 我能放下這種感覺嗎？
- 我能容許這種感覺存在嗎？
- 我能欣然接受這種感覺嗎？

根據你想採取的方式（釋放、允許或接納），回答對應的問題。

步驟3

接著自問：「我願意嗎？」

- 我願意將這種感覺放掉嗎？
- 我願意容許這種感覺存在嗎？

◆ 我願意欣然接受這種感覺嗎？

對每個問題誠實地回答「是」或「否」。你是否感覺自己可以放下／容許／欣然接受這種情緒？

即使答案是「否」，也能幫助你釋放它。

步驟4

自問：「什麼時候？」

你的答案應該是「**現在**」。你立即放下這種情緒。

步驟5

重複這個流程，直到那種特定的感覺消失。

你可能會覺得這個技巧太簡單或無效。別這樣！親身體驗一下。記住，你不是你的情緒。

正是藉由放下情緒，你才能領悟到這個普世真理。當你有意識地選擇放下情緒、完全接納它們或容許它們存在時，你才會對情緒的運作方式，以及如何釋放它們，出現全新的理解。

掌控情緒自助練習簿

放下你的情緒

①列出你想放下的情緒

也許你覺得自己不夠好，或者你為拖延的習性所苦惱。也許你為以前做過的某些事情而責怪自己。只需寫下你想到的任何事情。

② **選擇一種情緒，然後自問：**

「我可以放下這種感覺嗎？」

「我願意嗎？」（是／否）

「什麼時候？」（現在）

↓我想放下的情緒是：

- **額外提示：**別擔心萬一不成功該怎麼辦，只要在日常生活中繼續練習放下情緒，慢慢就會進步。

—第14章—

訓練頭腦去體驗正面情緒

試著去理解：對於一個人或事件的想法，僅僅只是對那個人或事件的想法，而正是這些關於它們的想法讓你感受到現在的情緒。要改變你的感覺，得先改變你的思考方式。

——弗農．霍華德（Vernon Howard），《超腦的力量》

我們已經討論過情緒是如何形成的，並介紹了你可以用來釋放負面情緒的流程。現在，讓我們來看看如何訓練你的頭腦，使其開始在生活中體驗和強化正面情緒。

你在大部分時間裡都想著自己

幾千年來，神秘學家已經告訴我們，我們是自己思想的結果。據傳佛陀曾說過：「你所想的，就是你成為的（相由心生）。」

散文家及詩人愛默生也說過：「我們最終會成為我們整天所想的。」

甘地則說：「一個人只是他思想的產物。」

詹姆斯．艾倫（James Allen）在經典著作《你的思想決定業力》一書中寫道：

「一旦個人的想法產生巨大的改變時，他將會驚訝地發現外在環境也很快就出現了變化。人們往往以為他們可以隱藏自己內心的想法，但其實不然。人的想法很快就會轉化成習性，而習性會具體表現在種種習慣上，然後這些習慣又會導致種種境遇。」

若要控制你的情緒，必須了解思想在產生情緒的過程中扮演了什麼角色，這一點至關重要。你的思想會觸發某些情緒，而這些情緒反過來又會產生更多的思想。**思想和情緒會相互餵養彼此**。

舉例來說，如果你相信「我不夠好」這個想法，它會產生羞愧或內疚的負面情緒。接著，當你因為自己的「不夠好」而感到羞愧時，就會吸引更多與這個信念相符的思想。你會將焦點放在（自認為）不擅長的事，或者不斷回憶和糾結於過去的失敗，而這又進一步強化了你的錯誤信念。

思想會產生情緒，而情緒決定了你的行動。如果你覺得自己不配升職，就不會去爭取。如果你認為某個人「高不可攀」，就不會去約對方。

簡而言之，這就是思想的運作方式。它們會產生情緒，從而決定你的行為、塑造你的現

大的影響力。

實。雖然這在短期內對你來說可能不明顯，但是從長遠來看，你會發覺你的思想對生活有著極

思想和情緒決定你的未來

人類擁有其他生物所沒有的力量，那就是想像力。我們可以利用思想來顯化事物，將無形化為有形。

然而，**思想本身並不足以顯化事物或改變環境，必須要有情緒能量做為燃料來推動它**，例如熱情、興奮、激情或快樂等等。因此，對自己的夢想充滿熱情的人，會比那些悲觀、缺乏動力的人取得更多成就。

成功者會持續專注於自己想要的東西，並充滿正面的期待；失敗者則專注於他們不想要或缺乏的東西。後者害怕缺乏金錢、才能、時間或其他實現目標所需的資源。結果，悲觀主義者達到的成就遠低於他們的潛能。

因此，你能掌握到的最重要技能之一，就是控制你的思想和情緒的能力。這包括了解你的情緒是什麼、如何運作，以及它們的作用。

在第四部，我們會討論如何把情緒當作個人成長的工具。

在你心中植入正面思維

自信的人每天都會在心中植入正面思維，他們會慶祝小勝利，並以慈悲心和尊重的態度對待自己，他們也期待好事發生。

相反地，自尊心低落的人會不斷用削弱力量的想法，來轟炸自己的心，他們將自己的成就視為「沒什麼大不了」，沒能認識到自己的長處，以及行為背後的正面意圖——難怪他們覺得自己不配（若想進一步了解，可參閱第二十章〈我不夠好〉的內容 P180）。

這兩種人都是用思想來扭曲現實，但你認為誰會過得更好？是那個在心中植入正面思維的人，還是那個沉迷於負面思維的人？

這是否意味著正面思維可以解決你所有的問題，並一勞永逸地消除負面情緒？當然不是。「思想控制」只是一種你可以用來掌控情緒的工具。

正面思維的限制

整天對自己重複「我很快樂，我很快樂，我很快樂」，並不會讓你變成一個活佛。你可能會從中受益，但仍然會經歷負面情緒。除非你知道負面情緒出現時該如何處理它，否則你就會成為自己消極故事的犧牲品。這個故事可能是為什麼你是個徹底的失敗者，或是○○○（填入其他削弱你力量的故事）。有趣的是，人們往往會對自己的故事上癮，即使是負面的故事也不放過，而且難以放下這些「理由」。因為他們認為自己：

◆ 有根本上的缺陷。
◆ 永遠不會快樂，因為○○○（填入你最愛的故事）。
◆ 不值得被愛。
◆ 永遠不會成功。
◆ 永遠不會結婚。

我敢保證，你肯定對某個故事上癮。接下來，我們將討論如何訓練你的頭腦與思維去體驗更多的正面情緒，以及負面情緒出現時該怎麼處理。

選擇你想要體驗的情緒

要訓練你的思維，第一步是決定你想要更頻繁地體驗哪些情緒。你想變得更快樂嗎？更有動力嗎？更主動嗎？第二步是制定一個具體的計劃，讓你能夠體驗所選擇的情緒。最後一步是每天練習感受這種情緒。

反覆去感受同樣的情緒，會讓你更容易進入這種狀態。神經科學已經證明，反覆體驗相同的想法或情緒，會強化對應的神經通路，將來會更容易觸發這些想法或情緒。簡單來說，體驗某種情緒的次數越多，就越容易產生這種情緒。這就是每日訓練的作用所在。

要訓練你的思維去體驗正面情緒，你可以使用前文介紹的方法：

詮釋＋認同＋重複＝強烈的情緒

以下是如何在這種情況下使用這個公式：

- **詮釋**：將某些你認為正面的事件，或能產生某些你認為正面的想法視覺化。
- **認同**：透過感受你想要的情緒，來認同這些事件或想法。你可以運用第二部「影響情緒的各種因素」中提到的所有技巧，譬如正面肯定句和視覺化。
- **重複**：不斷重複相同的想法並認同它們，你的思維會更容易進入相關情緒。

根據你想要感受的情緒，以下是一些你可以使用的練習範例：

感恩

如果你想加強感恩之心，可以將感恩設為每日的例行活動。每天早上，將焦點放在你覺得感謝的事情上。練習得越多，你就越能將焦點放在事物的積極面。

遺憾的是，大多數人知道應該要感恩，卻沒有做到。因此，我們必須培養感恩之心，正如已故的美國成功學之父吉姆・羅恩（Jim Rohn）所說：「**我們的情緒像我們的智能一樣需要接受教育。**」

以下是一些可以幫助你培養感恩之心的練習：

①**寫下你覺得感恩的事物**：拿起紙和筆，有一本專用筆記本更好，寫下至少三件你覺得感恩的事。這能幫助你將焦點放在事物的積極面。

②**感謝曾經出現在你生活中的人**：閉上眼睛，想想你遇見過的人們。當他們逐一浮現在你的腦海時，好好感謝他們，並且謝謝他們至少為你做過的一件好事。如果你腦海裡

浮現的，是自己不喜歡的人，還是要感謝他們，並努力回想他們曾為你做過的一件好事。這麼做可能會讓你變得更加堅強，或是教給你某個特定的課題。請不要試圖控制你的想法，讓你認識的那些人的臉龐自然地浮現。釋放你感受到或過去曾經感受到的任何怨恨。

③ **專注於一個物品並欣賞它的存在**：

- 請在你的房間裡選擇一件物品，想像在製作和運送這個物品到你手上的過程當中，需要涉及多少工作量和人力。舉例來說，如果你選擇的是一張椅子，仔細想想製造它所需的一切工序：有人必須設計它，有人必須尋找原物料，還有人必須將它組裝起來，才能打造好一張椅子。接著，卡車司機要將它運送至商店，商店員工要展示它、推銷它。你或別人要去購買它。前往商店時，你所駕駛的汽車也必須由其他人製造等等，以此類推。
- 想想這張椅子帶給你的好處：記得有一次你累到等不及坐下了，當你終於可以坐下時，那種感覺不是很棒嗎？幸好有這張椅子，你不但可以坐下來，還能輕鬆地使用電腦、寫作、閱讀、喝咖啡，或是和朋友愉快地談天。

④ **聆聽感恩歌曲／引導式靜心冥想**：聆聽感恩的靜心冥想。你可以在 YouTube 搜尋「感恩的靜心冥想」（gratitude meditation）。

興奮

有時候，你會失去興奮感，覺得自己被困在一成不變的日常例行事務中轉圈圈。若想產生更多興奮感，你可以每天早上花一點時間將想要的所有事物視覺化，並為這些事感到興奮。以下是幾種做法（請注意，這些練習應該經常做）：

①**寫下你想要的事物**。拿起紙和筆，在紙張最上方寫下「我想要什麼」。然後，寫下任何讓你感到興奮的事物。

②**將你想要的東西視覺化**。自問：「我真正想要的是○○○。」並將你渴望的一切視覺化。盡量具體一些，清晰就是力量。想像你理想中的職業、關係或生活方式，或是你想在未來十年或更長時間內實現的目標。

③**設定一個目標／準備夢想日記**。買一本筆記本，寫下你在生活各領域的目標。每天早上瀏覽一遍，並持續為它添加照片、圖畫或其他能激發你熱情的東西。

④**生動地想像你理想中的一天**。

- 你會吃什麼早餐？
- 你會怎樣度過一天？

・你會和誰度過一天？
・晚上你會做什麼？
・你會住在哪裡？
・你會有什麼樣的感覺？

你可以有多種版本的理想一天，只要確保每個版本都讓你感到興奮就行了。

自信／確定感

如果你想對自己實現目標的能力更有信心，就想像自己已經達成目標，並因此感覺很棒。練習培養一種確定感。在心中對你的願景做出承諾，每次都要將你的目標視覺化，並賦予它承諾的能量；心中要知道它一定會發生。

自尊

要提升自尊，可以將你每天的成就記錄下來。

你做了很多正確的事，但往往只記得自己做錯的事，難怪你的自尊會受損。請買一本專用的筆記本，每天記錄你的進展與成就。

以下是一些成就的例子：

- 我準時起床。
- 我吃了一些水果。
- 我清理了書桌。
- 我完成了A計劃。
- 我有運動。
- 我完成了晨間儀式。
- 我讀了書。

你不必記錄任何重大的成就。

事實上，**藉由記錄這些小成就，你會訓練自己的頭腦去尋找更多的勝利**，經過一段時間後，就能提升你的自尊心。

更多關於自尊的練習，請參見第二十章〈我不夠好〉的內容P180。

果斷

當你練習讓自己變得更加果斷時，就會提高工作效率，而這將影響你的幸福感。正如我們將在第二十八章〈拖延〉的內容P253中看到的，拖延會製造出大量的情緒困擾。

為了變得更加果斷，你可以使用梅爾．羅賓斯（Mel Robbins）在《五秒法則》中介紹的同名法則。梅爾．羅賓斯指出，無論是想提高生產力、想成功，還是實現夢寐以求的任何事情，都只有一個法則：你必須做些什麼，無論你是否想去做。如果你能做那些你不想做的事，將會得到想要的一切。

她的「五秒法則」指出，從你產生一個想法到採取行動，只有五秒鐘的時間。如果你不能在這五秒內採取行動，你的頭腦就會說服你不要做——頭腦的本性就是防止我們去做任何可怕或累人的事。

例如，你有五秒鐘的時間去做以下的事：

- 在一場活動中對你想要交談的人自我介紹。
- 送出那封重要的電子郵件。
- 在會議中提出一個問題。

練習：增強你的果斷力

要練習「五秒法則」，你可以從小事開始。

◆ 列出你經常拖延的事。也許你會拖延洗碗，或是打掃家裡。也許你會推遲打電話給某人或發送電子郵件的時間。將它們寫下來。

◆ 現在，選擇幾件事，然後運用「五秒法則」。承諾至少花一週的時間使用這個法則。當你想到洗碗、打電話給某人或〇〇〇（填入你選擇的任務）時，從「五」倒數到「零」，並在倒數結束前採取行動。

訓練頭腦時應避免的常見錯誤

當你在訓練頭腦體驗更多正面情緒時，要避免以下錯誤：

◆ **嘗試一次實施太多改變**：堅持做一到兩項練習一個月左右，再嘗試其他練習。

◆ **一開始就採取太大的行動**：從小事開始，確保練習的挑戰性不會太高。記住，掌控自己的情緒是一場長期競賽。這是一場馬拉松，而不是短跑。

若想進一步了解如何建立一個提振精神的晨間儀式，請參閱我的著作《喚醒的晨鐘：如何掌握早晨並改變人生》。

掌控情緒自助練習簿

訓練你的頭腦

養成每天在你的頭腦中存入正面想法的習慣。選擇一種你希望在生活中更常體驗到的情緒，並承諾每天訓練自己的頭腦至少持續三十天。

情緒範例：

- 感恩
- 興奮
- 自尊
- 確定性
- 果斷

我選擇的情緒（可多選）：

我如何訓練我的頭腦：

範例：我會閉上眼睛，對想到的所有人說「謝謝」，並且認可他們為我做的一件好事。

一第15章一

改變行為就能改變情緒

行動似乎隨著感覺而來，但其實行動與感覺是相輔相成的，行動更容易由意志直接控制，所以藉由調整行動，我們便可以間接調整感覺，感覺是無法直接控制的。

——威廉．詹姆斯（William James），哲學家與心理學家

我們已經看見，你可以利用身體、思想或言語來影響情緒。我們也討論過如何透過改變對想法或事件的詮釋，來改變你的情緒狀態。然而，**當負面情緒突然來襲或太過強烈時，僅靠改變身體姿勢或使用正面的肯定句，可能不夠。**

當無法靠身體姿勢、思想或言語改變情緒時……

事實上，試圖用正面情緒來取代負面情緒，常常以失敗告終。你無法僅僅藉由決定讓自己

高興起來而克服憂鬱，也無法僅僅藉由決定要「感覺很棒」來抵消悲傷。你也不能期待透過反覆重複「我很快樂，我很快樂，我很快樂」這樣的句子或什麼咒語，來消除深切的傷痛。

然而，你可以藉由改變行為來影響你的感受。若你能改變行為，你的感受也會隨之改變。有時候，這種變化可能瞬間就發生，例如，在你有點生氣時，藉由完成某項任務而轉移了注意力。但它也可能需要數週甚至數個月的時間，尤其當你處理的是強烈情緒，例如深切的悲傷或憂鬱時。若要開始改變你的感受，可以在你每次經歷負面情緒時，自問以下問題：

「是什麼引發了這種情緒？」

「我可以對當前的現實做些什麼？」

問完這些問題後，找出你可以採取的具體行動，來改變你的情緒狀態。

就情緒本質而言，它會隨著時間而自然消退，除非你在腦袋裡一遍又一遍地重演相同的情境而強化了它們。以下是一些現實世界裡的例子，有助於讓你更加理解它的運作方式：

◆情境1：與情人分手

如果你在跟情人分手後，仍悲傷地回憶著你們一起共度的美好時光，那麼你會需要更長的時間才能走出這段感情。雖然感到悲傷或回憶過去沒有什麼問題，但是如果你想繼續前進，最好盡可能避免重溫舊夢。在這種情況下，改變你的行為表示著：你要盡量停止重溫舊回憶。

◆ **情境2：擔心即將到來的演講**

如果你不斷為工作上即將要進行的演講感到憂心忡忡，那麼改變你的行為表示著：你要花幾個小時排練演講。這麼做之後，你會對演講內容瞭若指掌，即使在壓力之下也能表現出色。為了增加成功的機會，你還可以在同事或朋友面前排練。

◆ **情境3：對朋友的言行耿耿於懷**

如果你因為某個朋友說過或做過的一些事，而在心裡對他埋怨了好幾個星期，那麼改變你的行為可能表示著：你要與他進行坦誠的對話，分享你的感受。如此可以讓你們把話講開、釐清誤會，避免累積怨恨。很多時候，我們會對事件產生誤解，或看到其實不存在的問題。

◆ **情境4：對情緒束手無策**

有時，你會感到悲傷、憤怒，甚或憂鬱，但卻束手無策。在這種情況下，最好的辦法就是避免將焦點放在這些感受上，單純讓它們存在。你的工作是完成你該做的事，繼續生活，直到這些情緒消退。不要忘記練習在情緒出現時放下負面情緒（請參閱第十三章〈放下你的情緒〉P120），如果你能學會與負面情緒保持距離，將能防止它們增長或變得根深柢固。

掌控情緒自助練習簿

藉由改變行為來改變情緒

回想你上次經歷了一種持續好幾天甚至更久的負面情緒。將它寫在左方：

現在，寫下你具體做了什麼事，來克服這種負面情緒：

然後，自問：「我本來可以如何改變行為，對情緒發揮正面的影響力？」將它寫在左方：

—第16章—

改變環境就能改變情緒

你無法總是控制住你的情緒，因為有些事件，例如分手、失去親人或罹患重病，可能會引發負面情緒。

縱然如此，你對其他一些事件還是具有控制能力。你的日常生活中是否有影響你內心平靜的情況？你可以做些什麼來改變這些情況呢？

有時，為了減少負面情緒，你只需要在一開始時就避免讓自己置身在會產生這些情緒的處境中。

也許你看太多電視，這讓你感到不快樂，或者，看著朋友們在「臉書」上（看起來）過得非常幸福快樂，讓你覺得自己很失敗。為什麼不減少待在這種處境的時間呢？

◆ **實際生活中的例子：**「臉書」讓我感到不快樂，我覺得自己是一個失敗者。我所在領域的人都表現優異，我的朋友們也都看起來很快樂（至少我這樣認為）。更不用說，我還浪費了大把的時間毫無目的地刷著我的動態消息。為了克服我在情緒「銀行」上的「損耗」，我大幅減少了使用「臉書」的時間。自從做出這個決定後，我便感覺好多了。

這個例子顯示，些微的改變就能提升你的幸福感。如果你觀察一下自己每天所做的事，就會發現有些活動或行為對你的快樂並無幫助。只需要刪減一、兩項活動或改變一些行為，可能就能顯著改善你的情緒。

剝奪你整體幸福感的活動或行為

你可能已經知道自己該做些什麼，或是尚未意識到某些行為犧牲了你的幸福。以下列出一些可能影響你幸福感的活動或行為之例子，請自問它們是否影響了你的整體幸福感：

◆ **看電視：**雖然看電視可能很有趣，但是，它也是一種被動活動，可能對你的幸福感貢獻不大。

- **花時間在社交媒體上**：社交媒體很方便，它可以讓你與朋友保持聯繫，但也可能使人上癮。「臉書」或「推特」（Twitter，現稱X）可能會讓你變成一個渴望他人認同的成癮者。
- **與負面的人相處**：你所相處的人，對你的情緒狀態影響巨大。正面的人會激勵你，幫助你實現夢想；消極的人則會吸取你的能量，讓你失去動力並摧毀你的潛力。正如吉姆・羅恩所說：「你是與你相處時間最長的五個人的平均值。」要確保自己的周圍都是對的人。
- **抱怨並專注於負面**：你是否總是看到事情的負面？你是否總是沉湎於過去？如果是這樣，這對你的幸福程度有何影響？
- **沒有完成你展開的事情**：在你的個人生活或事業上，未完成的任務和計劃會對你的情緒造成有害的影響。未完成的事會讓你的思緒變得雜亂。如果你感到不堪負荷或缺乏動力，可能是你生活中有太多「未竟之事」。未竟之事的例子包括了你一直在拖延的未完成計劃，或是你一直在逃避與某人的必要對話。

這些只是幾個例子。

你呢？有哪些活動或行為在奪走你的幸福感呢？

改變你的環境

在左方寫出任何你認為可能會對情緒造成負面影響的活動。

範例：負面的朋友、電視、八卦、社交媒體、電玩等。

在每個活動下方寫下這些活動帶來的後果（它讓你感到內疚、使你喪失動力、削弱你的自尊等等。）

接著，寫下你可以做些什麼來改善心情。

—第17章—

處理負面情緒的方法

地球上的其他生命形式都不知道何謂負面情緒，唯有人類知道，就如同沒有其他生命形式會侵犯並毒害維持其生命的地球。你有見過一朵不快樂的花或壓力重重的橡樹嗎？你曾見過憂鬱的海豚、自卑的青蛙、無法放鬆的貓或充滿仇恨和怨恨的鳥嗎？唯一可能偶爾經歷類似負面情緒或顯示出神經質行為的動物，是那些與人類有密切接觸，並因此聯繫上人類的思想及其瘋狂的動物。

——艾克哈特．托勒，《當下的力量》

在這個單元中，我會提供一系列的練習或技巧，幫助你**更有效地處理負面情緒**。無論你對自己的思想有多少控制權，未來你依然會經歷各種負面情緒，從輕微的挫折感到憂鬱都有，你最好做足準備。

我列出了一些在處理負面情緒時可以做的事，包括短期和長期的解決方案。

短期應對方法

以下技巧能幫助你管理負面情緒。嘗試它們，並保留那些對你有效的方法。

改變你的情緒狀態

◆ **分散注意力**：情緒的強弱取決於你容許它變得多強。每當你感受到負面情緒時，不要將焦點放在它上面，要立刻讓自己忙碌起來。如果你對某件事感到憤怒，可以去完成待辦事項清單中的一項工作。如果可能，**做一些需要全神貫注的事**。

◆ **打斷**：做一些愚蠢或不尋常的事來打破模式。大喊大叫，跳個搞笑的舞，或是用奇怪的聲音說話。

◆ **移動**：站起來，去散步，做伏地挺身，跳舞，或是採取一種「高權力姿勢」P78。藉由改變身體動作或姿勢，你可以改變自己的感覺。

◆ **聽音樂**：聆聽喜歡的音樂可能改變你的情緒狀態。

◆ **喊叫**：用大聲且有權威的聲音與自己交談，給自己一個鼓舞人心的對話。利用你的聲音和語言來改變情緒。

採取行動

◆ **無論如何還是去做**：不理會你的情緒，做你該做的事。成熟的成年人無論想不想做，都會去做該做的事。

◆ **做點什麼吧**：你的行為會間接改變你的感受。自問：「今天我能採取什麼行動來改變我的感覺？」然後就去做那件事吧。

覺知到你的情緒

◆ **寫下來**：拿起紙和筆，寫下你擔心的事、為什麼，以及你能做些什麼。請盡可能具體地寫下來。

◆ **寫下發生了什麼**：拿一張紙，寫下導致負面情緒的確切事件。不要寫下你自己的詮釋或你圍繞它所創造的戲劇，**只要寫下最原始的事實**。現在問自己，從你一生的宏觀角度來看，這真的是件那麼大的事嗎？

◆ **交談**：與朋友討論一下。你可能反應過度，讓事情變得比實際情況更糟，有時候，你只需要一個不同的視角。

◆ **記住你曾經對自己感覺良好的時刻**：這可以幫助你回到那種狀態並獲得新的視角。問自己以下這些問題：「當時感覺如何？」「我當時在想什麼？」「我當時的生活觀是什麼？」

◆ **將情緒釋放掉**：問自己：「我能放掉這種情緒嗎？」然後，容許自己釋放它。

◆ **容許情緒存在**：不要試圖抗拒或改變你的情緒，容許它們以原本的樣子存在（註：不評判它們的好壞）。

◆ **擁抱你的情緒**：與你的情緒在一起，盡可能仔細觀察它們，同時盡可能讓自己對它們保持抽離的態度。**對它們保有一份好奇心，它們的核心究竟是什麼？**

放鬆一下

◆ **休息**：小睡或休息一下。比起有適當休息時，你在感到疲倦時更容易經歷負面情緒。

◆ **呼吸**：透過慢慢呼吸來放鬆。你的呼吸方式會影響情緒狀態 P91，你可以使用呼吸技巧來讓自己冷靜，或給自己更多的能量。

◆ **放鬆**：花幾分鐘放鬆肌肉。從放鬆下顎、眼周的緊繃與臉部肌肉開始。你的身體會影響你的情緒，**當你放鬆身體，你的心靈也會隨之放鬆**。

◆ **感謝你的問題**：謝謝你的問題。了解它們的出現是有原因的，而且會以某種方式對你有所幫助。

長期應對方案

以下技巧將幫助你長期地管理負面情緒。

分析你的負面情緒

◆ **找出情緒背後的故事**：拿起紙和筆，寫下你最初為什麼會有這些情緒的所有原因。你抱持什麼樣的假設？P113如何詮釋發生在你身上的事？現在，看看你是否能放下這個特定的故事。

◆ **在日記中寫下你的情緒**：每天花幾分鐘寫下你的感受。尋找反覆出現的模式。然後，使用肯定句、視覺化或相關練習，來幫助你克服這些情緒。

◆ **練習正念**：靜心冥想可以幫助你在一天之中觀察自己的情緒狀態P83。另一種方式是完全投入某個活動，並在過程中觀察你頭腦裡正在發生的事情。

遠離負面因素

◆ **改變環境**：如果你被負面情緒包圍，請改變環境。換個地方，或減少與負面朋友相處的時間。

◆ **取消無益的活動**：取消或減少花在對生活無正面影響之活動的時間，可能包括減少看電視或上網的時間。

訓練你的頭腦

◆ **建立每日習慣**：這將幫助你體驗到更多正面情緒。靜心冥想、運動、重複肯定句、建立感恩日記等（**在入睡前和早晨醒來時，是向大腦植入正面想法的最佳時機**）。

◆ **運動**：定期鍛鍊。運動能改善心情，對你的情感和身體健康都有好處。

增加你的能量

當你的能量不足時，你更容易經歷負面情緒。

◆ **改善你的睡眠**：確保你有充足的睡眠。如果可能，盡量每天在同一時間上床和起床。

◆ **吃得更健康**：俗話說：「你是你吃的東西。」垃圾食物會對你的能量產生負面影響，因此應採取一些措施來改善飲食。

◆ **休息**：固定小睡一下，或是花幾分鐘放鬆。

◆ **呼吸**：學會正確呼吸。

尋求幫助

◆ **諮詢專業人士**：如果你有深層的情緒問題，如自尊心極為低落，或沮喪憂鬱，一個明智之舉是去諮詢專業人士。

你可以寫下想使用的一個短期和長期方法，自問：「在這一系列方法當中，哪一個最能幫助我處理負面情緒？」也請務必實際練習，看看哪些方法對你最有幫助。

PART

4

利用情緒來成長

●●●

我給你的建議是，每一個處境、每一個時刻，都為你的自我成長和品格發展提供了機會。現實不斷為我們帶來各種情況，有時我會想像它們是拍打岸邊的海浪；我們有機會不斷與現實融合，讓自己適應它，讓自己潛入這些波浪之中。

——大衛．K．雷諾茲，《建設性生活》的作者

我們已經了解了什麼是情緒、它們如何形成，以及如何重新設定你頭腦的思維，來體驗更多正面情緒。現在，讓我們看看如何將情緒當作個人成長的工具。

大多數人都低估了情緒的用處，從未意識到情緒可以幫助他們成長。你可以這樣想：你的情緒在向你傳遞訊息，它們是在告訴你，你對當前現實的詮釋有偏差。**問題從來不在於現實，而是你如何詮釋它**。永遠不要忘記，即使在最糟糕的情況下，你也有力量找到意義和快樂。

例如，艾麗斯．索莫（Alice Sommer）本應感到絕望。她在二次大戰

期間被關押在集中營裡，不知道自己還能活多久。儘管如此，她找到了快樂。正如她回憶的那樣：

「我總是在笑。我和兒子躺在地上，他看著我笑。當母親笑時，孩子怎麼可能不笑？」

尼克．胡哲（Nick Vujicic）曾認為他永遠不會幸福。畢竟，他一出生就沒有手腳。正如他在一次學校講座中所說：

「如果我連妻子的手都握不住，又怎麼能成為一個好丈夫呢？」

在這種情況下，如果他一輩子都懷著怨恨，也沒有人會責怪他。然而，他克服了自己的挑戰，如今除了成為一位成功的勵志演說家之外，還是個幸福的丈夫和兩個孩子的父親。

這兩個例子告訴我們，即使是最具挑戰性的處境，我們都可以克服。此外，負面情緒不會永遠持續下去。充滿挑戰的時光往往是促使一個人成長的契機，甚至徹底的精神崩潰也能成為喚醒人們的警鐘。

在這些章節內容，你會學到情緒如何運作、如何利用情緒來成長，同時減少它們在情感上帶來的痛苦。

—第18章—

情緒會引導你走往正確方向

情緒總是來來去去的，終究無法定義你，但是，這並不表示它們沒有作用。事實上，情緒可以透過提醒你已經知道的事情，來促進你的個人成長——它代表著，你需要在生活中做出一些改變。

你越是忽視情緒，它們就會變得越大聲。剛開始時，它是個微弱的聲音，一種直覺或是直覺上的知曉。如果你忽略這些信號，它會變得更大聲。若你繼續忽視情緒，你的身體也會開始以同樣的方式發出信號，讓你感受到身體上的疼痛。

假設你感到一種你識別為「壓力」的情緒，它是在告訴你需要在生活中做出改變。這些改變可能涉及遠離壓力源、改善處境，或者改變你對處境的詮釋。有一點是肯定的，你需要採取一些行動。如果你持續忽視壓力或壓力源，可能會導致嚴重的健康問題。

歸根究底，**你的情緒是在向你傳遞訊息**，正如身體疼痛告訴你身體出了問題一樣，**情感痛苦告訴你，你的心念出了問題**。

自我覺察的力量

自我覺察，是個人成長中最重要的組成元素之一。沒有它，你就無法改變生活，因為如果你無法意識到問題的存在，就無法改善問題。

那麼，何謂自我覺察呢？

自我覺察指的是：你能夠客觀地觀察自己的思想、情緒和行為，而不加上你自己的詮釋或故事。

在「線上」還是「線下」？

在《有意識領導的15個承諾》一書中，吉姆．德特莫爾（Jim Dethmer）和黛安娜．查普曼（Diana Chapman）介紹了一種非常簡單但強大的模型，有助於提高自我覺察。這個模型極其簡單，只有一條線。作者認為，在任何時候，你要不是處於線上，就是處於線下。當你在線上時，你是開放的、好奇的，並且願意學習；而當你在線下時，就會想證明自己是對的，因而變得充滿防衛心，對新觀點抱持封閉態度。簡單來說，當你在線上時，是有意識的；當你在線下時，是無意識的。

你處於線上還是線下，取決於你的情緒狀態。當你感受到生存或「自我」遭到威脅，就會跌落線下，並試圖保護自己，以維持你（或你的自我）的生存。相反地，當你在線上運作時，就是處於正面的心態，你的創造力、創新能力與合作能力，都處於最佳狀態，因而提升了你的表現。

你是否有能力知道自己什麼時候會跌落線下，這在極大程度上決定了你對情緒狀態的控制程度；如果你無法覺察情緒的存在，就無法改變它。這就是「覺察」或「有意識」的含義。以下是一些「線上」和「線下」行為的例子。

◆ 在線上時，你是：

- 好奇的
- 有意識地傾聽
- 感受情緒
- 討論而非爭論
- 欣賞他人
- 承擔責任
- 質疑自己的信念

◆在線下時，你是：
・緊抓著自己的觀點不放
・尋找他人的錯誤
・爭論不休
・合理化並辯解
・說閒言閒語
・說服他人來肯定你的信念
・攻擊傳達信息的人

恐懼和愛

另一個你可以使用的簡單模型，是「恐懼和愛」模型。在一天之中，你的行為可能出於恐懼，或是出於愛。當你一心一意要獲得某些東西，例如，他人的認可或注意力、金錢或權力時，你的行為是出於恐懼；而當你的行為是出於愛時，你的焦點會放在給予，包括給予你的時間、金錢、愛或關注，你想要分享並且改善身邊的人的生活，但不是為了自己的利益，而是單純地想要這麼做。

雖然你的行為同時反映出想要給予和獲得的願望，但其中一個通常會比較顯著。**若要掌握情緒，你必須學會辨別自己的行為是出於愛還是恐懼**。例如，檢視你的一個主要人生目標。它是基於恐懼還是基於愛的？你是想要給予並回饋世界，還是想從中索取？

假設你想成為一名演員，其中一些原因可能是：

①賺錢
②出名
③向父母和朋友證明你夠好
④娛樂他人
⑤表達自己

前三個例子通常是基於恐懼的行為，你想填補內心的空虛，並證明自己的價值。最後兩個例子則是基於愛的行為，強調了希望將自己的天賦表達給世界的渴望。

當我們深入討論不同情緒的運作方式時，請記住這兩個模型：「在線上的行為／線下的行為」以及「基於恐懼的行為／基於愛的行為」。

請注意，你在一天當中經常會在基於愛和基於恐懼的行為之間搖擺。例如，你可能專注於一項幫助他人的任務，這讓你感到滿足。在這一刻，你不需要任何東西，但五分鐘後，你可能會想像當自己終於獲得升職時，你的父親會有多麼驕傲。此刻，你不再感到滿足，反而在試圖獲得某些東西（在此例中則是你父親的認可）。

你要開始注意自己行為背後的潛在動機，如此一來，你會發現自己花了大量時間在試圖獲得他人的認可，無論是同事、上司、父母還是伴侶。要注意這一點，並問問自己，你能做些什麼來從「想要獲得」轉變為「想要給予」。

現在，記住這兩個模型，我們來看看如何在日常生活中對自己經歷的情緒變得更加覺知。

—第19章—

記錄你的情緒

改善情緒的第一步，是對你經常經歷的情緒變得更加「覺知」（註：「覺知」通常是指我們意識到事物的狀態，這裡指意識到情緒的狀態）。在你能夠產生更多正面情緒之前，必須先確定你的起點。

記錄一週情緒變化

為了更清楚地了解你每天所經歷的情緒，我邀請你**將自己一整週的情緒變化記錄下來**。你可以使用筆記本或可下載的工作表來進行（註：這類情緒日誌，能幫助辨識一再出現的情緒，也可以用來進一步分析情緒及你的回應方式）。

每天花幾分鐘將你的感受記錄下來，並用1到10的等級來評分，1代表你感覺最糟，10代表你感覺最好。

分析你的情緒

到了一週結束的時候，給自己一個總分數，並回答以下問題：

◆你經歷了哪些負面情緒？

◆這些情緒是由什麼引起的？有哪些客觀事實？

↓是否有特定的想法導致你有這樣的感受？是否有外在事件觸發了這些負面情緒？你是否睡眠不足？你生病了嗎？你發生什麼事故嗎？

◆實際上發生了什麼？（不是你心裡的想法，而是現實世界裡的事。）

◆你對這些事實的詮釋是什麼？

◆要出現這樣的感受，你需要相信什麼？

↓你的信念是否準確？

↓如果你以不同的方式詮釋這些想法或事件，會不會感覺好一點？

◆你如何回到中立狀態？

↓確切發生了什麼事？你改變了你的想法嗎？你是否開始處理那些你一直在逃避的事情？這個過程是自然發生的嗎？

◆你原本可以做些什麼來避免或減少這些負面情緒？

具體範例

假設你記錄了一週的情緒，並注意到自己有幾天感到沮喪，情況可能如下：

◆**是什麼導致這種情緒？**

「我被要求在工作中完成一項任務，但覺得自己無法或沒有能力完成。」

◆**實際上發生了什麼？**

「我被要求完成一項任務，並且完成了它。」

◆**你對事實的詮釋是什麼？**

「我覺得自己很無能，辦公室裡除了我以外，大家都能完成這項任務。」

「我覺得自己應該能將這項任務妥善完成。」

「我覺得好像所有人都在評斷我。」

◆**要產生這樣的感受，你需要相信什麼？**

「我需要相信：我很無能。
　無能是令人無法接受的。
　我應該能夠完成這項任務。
　每個人都在評斷我。」

◆**你的信念是真實的嗎？**

「你真的無能嗎？」↓**也許我有偏見，對自己過於嚴苛。**

「無能是令人無法接受的嗎？」↓**不是的。事實是，我並不可能在所有事情上都非常能幹。**

◆**你應該能夠完成這項任務嗎？**

「我對執行類似任務沒有太多經驗，不可能不求助就完成它。」

◆**每個人都在評斷你，這是真的嗎？**

「有些人可能會評斷我，但或許不是每個人都這樣。或許沒有人真的在意，畢竟他們有自己的問題要處理。如果根本沒有人注意到呢？或者，我做得還不錯，這些負面情緒只是我自己的腦袋想像出來的。」

◆你如何回到中立狀態？

「我領悟到這其實沒什麼大不了的。我詢問了一位同事，請他確認我是否正確完成任務。他幫了我的忙，並提供一些建議。他還推薦一些好書來提升我的技能。」

◆你原本可以做些什麼來避免或減少這種負面情緒？

「我本來可以尋求他人的協助，而不是試圖獨自完成所有事情。」

當你經歷這個過程時，就會注意到是什麼造成你的負面情緒。你將能夠辨認出自我挫敗的行為，並透過每日的訓練與肯定來克服它們。

※附加提示

記得每天使用專門的日記本來記錄感受，這能幫助你與情緒保持距離，讓你明白情緒起伏是生活中的正常部分。

記錄並分析你的情緒

每天花幾分鐘記錄你的感受，並用1到10的範圍來給自己打分數，1代表最差的感覺，10代表最好的感覺。

請於每週結束時，給自己一個整體的評價並回答以下問題。

◆你經歷了哪些負面情緒？

◆這些情緒是如何產生的呢？（是否有什麼特定的想法或外在事件導致你有這些感受？）

◆實際上發生了什麼事？

◆你對發生的事做出什麼樣的詮釋？

◆你需要相信什麼，才會有這樣的感受？

◆你的信念是真實的嗎？

◆如果你對該想法或事件有不同的詮釋，感覺會好一些嗎？

◆你如何回到中立狀態？

◆究竟發生了什麼事？（你是否改變了想法，採取了行動，或是情況自然而然地好轉了？）

◆你原本可以做些什麼來避免或減少這些負面情緒？

第20章

我不夠好

當我贏得奧斯卡獎時，我以為那只是僥倖。我以為大家會發現這件事，然後把獎座收回。他們會來到我家敲門說：『對不起，我們其實是要給別人才對，應該是給梅莉・史翠普。』

——朱蒂・佛斯特（Jodie Foster）

你會想：「為什麼還會有人想在電影裡看到我？而且我根本不會演戲，那我為什麼要一直做這件事？」

——梅莉・史翠普（Meryl Streep）

你是否覺得自己好像不夠好？你知道嗎？你不是唯一一個有這種感覺的人。前幾天，我寫了以下這段話給一位部落客朋友：「有很多主題我可以寫，但市面上已經有太多書了。有時候我會想：『有什麼意義呢？』」

他回答道：「我了解那種『有什麼意義呢？』的感覺。那些值得說的話，別人早就已經說過了。而且我憑什麼寫這些？我有什麼成就？啊，好吧……我猜這很正常。很高興知道我們不是唯一一個在掙扎的人。」

無論你是否意識到，成千上萬的人也有同樣的感覺。

覺得自己不夠好的人往往低自尊

「我不夠好」的感覺所殺死的夢想可能比任何東西更多。但誰沒有過這種感覺呢？這裡列出一些我人生中曾有過的感受（這還不是全部）：

- 我不是個夠好的作家。
- 我不夠有魅力。
- 我不夠能幹。
- 我不夠自信。
- 我不夠勇敢。
- 我不夠自律。

◆我不擅長公開演講。
◆我不夠英俊。
◆我不夠激勵人心。
◆我不夠有趣。
◆我賺的錢不夠多。
◆我不夠健壯。
◆我不夠有耐心。
◆我不夠堅持。
◆我不夠積極主動。
◆我不夠高效能。
◆我不夠聰明。
◆我採取的行動不夠多。
◆我不夠堅強。
◆我不夠努力工作。
◆我的英文不夠好。
◆我的日文不夠好。

◆我的記憶力不夠好。

我還可以繼續列下去。

覺得自己不夠好的人往往自尊心低落。他們會將焦點放在自己不擅長的事情上，忽視了自己擅長的事。若試著稱讚他們，你聽到的可能是：「這沒什麼大不了的。」更糟的是，他們甚至可能覺得你只是出於禮貌，或是企圖操弄他們。這些人很難接受讚美，他們說不出一句簡單的「謝謝」，反而會回頭讚美你，或是貶低自己的角色。

也許你也有這樣的行為？看看你收到讚美時是否會做以下其中一件事：

◆覺得整件事沒什麼大不了：「誰都能做到。」

◆開始細數自己做錯的地方，並解釋怎樣可以做得更好。

◆試圖讚美對方：「謝謝。我覺得你也做得很棒。」

請注意，你在以上三種情況下，都沒有百分之百接受別人的讚美。

你可能不僅會對自己的成就輕描淡寫，還會放大你所有的失敗，來強化「你不值得」的這種感覺。你對自己的每一次失敗如數家珍，而且不願意將它們放下，因為它們符合你對自己的故事。如果你不再是那個「永遠不夠好」的人，你會是誰？這聽起來很奇怪，也有點可怕。但至少，確定自己不夠好會給予你一種舒適感。

想像一下，如果你放下對這個故事的執著，去嘗試一些你一直想做的事情，結果失敗了，那麼你長期懷疑的事就會成真：你確實不夠好。或者更糟糕的是，如果你成功了會怎樣？那要如何納入你對自己的故事裡？

記住，**你的大腦偏袒負面事物。如果你再加進自己的偏見，肯定無法幫助你感覺良好**。事實是，你對大部分的事情其實都做得不錯。雖然缺乏經驗、興趣或天賦，都可以用來解釋為何你在一些領域未能達到自己的期望，但這與你「不夠好」無關。

利用「我不夠好」的感覺來成長

「我不夠好」的感覺是自尊心低落的表現。

許多人都有過自尊心低落的情況，只是程度不一，我當然也是如此。有些人會覺得自己做的每件事都不夠好，而有些人則只在某些情況或生活領域中感到有所不足。

無論你處於自尊光譜上的哪個位置，或許都能從提升自尊心中受益。

辨認出引發自卑感的原因

第一步是找出引發這些感覺的原因。你在認同哪些想法？生活中的哪些領域受到影響？花幾分鐘寫出下列情況：

- 讓你覺得自己不夠好的處境。
- 你認同的想法（你的故事）。

記錄你的成就

第二步是記錄你的成就。

感覺「我不夠好」，通常是源自於你對自己的偏見。你專注於自己的不足，而且無法承認自己的成功。擁有健康自尊心的人，往往能以更客觀的方式看待自己，既承認自己的不足，同時也肯定自己的優勢。

為了提升你的自尊心，開始承認你做得好的那些事情吧。

以下練習能幫助你辦到這一點。

練習1：開始寫勝利日誌

認可自己成就的最佳方法之一是，將它們寫下來。我鼓勵你使用專屬筆記本來練習。

①首先，寫下你一生中已經完成的所有成就，列出五十項。如果一時想不出來，就寫一些小成就。這會幫助你意識到自己已經完成了多少事。

②在每天結束時寫下你當天完成的所有事情，就算是簡單的事也列出來，例如：

- 我準時起床。
- 我做了運動。
- 我吃了健康的早餐。

試著每天寫五到十件事情。

練習2：填滿你的自尊罐子

另一種方法是將你完成的每件事分別寫在不同紙條上，然後放進一個罐子裡。以下有幾個建議能確保你充分利用這個練習：

◆ 確保你的罐子（或你使用的其他容器）放在顯眼的地方。最好的地方是你的書桌，其次是你的臥室。
◆ 選一個你喜歡的容器，挑選你喜愛的設計。這關乎你的自尊，所以任何讓你感覺良好的東西都值得推薦。確保它是透明的，以便看到它漸漸被填滿。
◆ 為它取一個正面的名字（例如「我的自尊罐」、「對自己的愛的宣言」等）。
◆ 使用你喜愛的紙張寫下你的成就。例如，可以使用不同顏色的紙，那麼當罐子被填滿時，就會創造出賞心悅目的效果。你可以用色紙來試試。
◆ 使用你最喜歡的筆來寫。

這個練習的目的是透過承認你的多種成就，來對自己展現出更多的尊重。

練習3：開始寫正面日記

你也可以開始寫一種日記，專門記錄每天收到的每一個讚美。你的同事稱讚你今天穿的鞋子很好看，記下來。你的朋友讚美你的髮型，寫下來。你的老闆稱讚你在一項任務上表現傑出，也要寫下來。不要懷疑這些讚美的真誠度，永遠要假設它們是真心的。這個練習的目的，是要訓練你的頭腦將焦點放在生活裡的正面事物；**無論你是否承認，它們都正在發生**。

以下是如何充分利用這個練習的方法：

◆ 買一本你喜歡的筆記本。

◆ **將它變得個性化**：貼上貼紙、畫一些東西、加入照片或使用不同顏色。如果你不想這麼做也沒關係，這是你的日記。

◆ **隨身攜帶**：將它帶在身上，隨時尋找新的讚美來加入你的驚人收藏（這一點依個人喜好決定）。

◆ **每天回顧**：翻閱舊的條目，心中對那些讚美你的人表示感謝。你可以說：「謝謝你，〇〇〇（填入名字），我愛你。」你可以在早上、晚上（或任何想要的時候）翻閱。

再次強調，這是你的日記。以上只是建議。要怎麼做，隨你喜歡。

學會接受讚美

你可能很難接受讚美，請看看以下的句子是否讓你感到熟悉：

◆ 這沒什麼大不了的。

◆ 誰都能做到這件事。

◆ 那是因為某某某幫了我。

◆ 我本來可以做得更好。

這裡有一個你應該接受讚美的好理由：**讚美你的人會希望你能接納它，而不是把它沖進馬桶裡！**想像一下，你剛剛送給一個人一份禮物，如果那個人在打開禮物後，把它丟在地上、踩在上面，然後丟掉，你會有什麼感受？你肯定不會喜歡，對吧？遺憾的是，這正是我們在收到讚美時經常做的事。若我們拒絕接受讚美，便是不尊重那個特意表達讚美的人。難道你不希望自己的讚美被全心全意地接受嗎？

練習1：接受讚美

這個簡單的練習能幫助你接受讚美。每當有人讚美你時，可以說以下的話：

「謝謝你，○○○（填入對方名字）。」

就這樣，沒有比這更簡單的事了。不要說「謝謝你，但是……」、「謝謝，你也很棒」或「這沒什麼大不了的」。**只要說：「謝謝你。」**

以下是充分利用這個練習的方法：

◆ **大聲、清楚地說聲「謝謝」**：你可能會發現自己有壓抑感情的傾向，最後幾乎是機械性地說「謝謝」。事實上，你可能從來沒有真正全心全意地說過「謝謝」。

◆ **讓感覺沉澱**：在你開始說出新句子之前，留點空間讓感激之情流露。不要貶低讚美，也不要解釋你為何值得（或不值得）得到它。

◆ **如實表達你的感受**：藉由告訴對方你的感受，來表達你的感激之情。對此，你可能會感到抗拒。許多人很難表達感激，因為我們的自尊心阻止我們這麼做。畢竟，我們很強大，不需要別人的幫助或讚美，對吧？我們不想要覺得脆弱。如果你感到抗拒並覺得這個練習有些困難，要認知到這是正常的。

你接受讚美的能力，正是你自尊心高低的有效指標。練習接受讚美，容許自己去感覺脆弱。接受「你是值得讚美的」，這會幫助你提升自尊心。

練習2：欣賞遊戲

這個遊戲的目的，是學會欣賞自己以前沒有認知到（或不喜歡的）事情。如果你有個夥伴可以經常和你一起玩這個遊戲，效果會很好。告訴你的夥伴，你欣賞他們的三件事，並請他們也這樣做。盡可能具體、明確，不要擔心想不出什麼大事。

以下是一些例子：

- 我欣賞你今天早上在匆匆忙忙的情況下還準備了早餐。
- 我欣賞你今天接了孩子。
- 我欣賞你下班後總是願意傾聽我的問題。

繼續前進

自尊是一個複雜的主題，它影響了很多人，而且經常遭到誤解。若要克服自尊心低落的問題，需要許多時間和努力。

如果你經常覺得自己不夠好，我非常鼓勵你可以閱讀納森尼爾・布蘭登博士（Nathaniel Branden, PhD）、瑪麗蓮・索倫森博士（Marilyn Sorensen, PhD）的書。如果你在讀了這些書之後，發現自己有嚴重且持久的自尊問題，可能需要尋求專業人士的幫助。

《自尊的六大支柱》

在《自尊的六大支柱》一書中，納森尼爾．布蘭登博士提出了六個可以培養健康自尊心的練習（或支柱）：

①**有意識地生活**：納森尼爾．布蘭登是這麼說的：「有意識地生活，意味著盡可能覺察到影響我們行動、意圖、價值和目標的一切；無論我們的能力如何，都盡自己所能去辨到，然後根據所見與所知去行事。」

②**自我接納**：選擇珍視自己，以尊重的態度對待自己，並且捍衛自己存在的權利。自我接納是自尊得以發展的基礎。

③**自我負責**：了解到沒有人會來拯救你，你要對自己的人生負責。這表示你要對自己的選擇和行為負責，也要對如何利用時間與獲得幸福負責；只有你能改變自己的人生。

④**自信果敢**：尊重自己的渴望、需求與價值觀，並在現實中尋找適當的表達形式。

⑤**有目標地生活**：運用自己的能力，來達成選定的目標。換句話說，就是你在生活各個領域設定目標並達成它的能力。

⑥**個人的正直誠信**：依照自己的理想、信念和價值觀來行事。這意味著當你看著鏡中的自己時，知道自己正在做對的事。

《打破自尊心低落的鎖鏈》

在《打破自尊心低落的鎖鏈》一書中，瑪麗蓮・索倫森詳細介紹了何謂自尊及其運作方式。作者解釋道，自尊心低落源自於你對自己的負面認知，而這種認知大多（甚至完全）基於你對過去經歷的負面解讀。這種扭曲的現實觀導致你心生恐懼和焦慮。你的家庭環境可能扮演了重要角色，或許你的父母經年累月地貶低你，讓你覺得自己做什麼都不夠好。

現在你可能堅信自己不如人，便根據這種負面形象過濾一切，這就像戴著有色眼鏡來看世界，而這副眼鏡只記得批評，摒除了讚美與表揚。

她在書中舉的例子，將幫助你了解自尊問題在現實生活中的具體呈現。此外，她提供了數十個實用的練習，來幫助你更清楚地覺察到自尊問題，並提供培養健康自尊的各種工具。

掌控情緒自助練習簿

不再老是覺得「我不夠好」

找出觸發點

你認同的是什麼想法？關係到哪些生活領域？請寫出以下情況：

① 你感覺自己不夠好的情境

② 你所認同的想法（你的故事）

克服自己沒價值的感覺

① 追蹤你的成就

◆練習1：開始寫勝利日誌

寫下你每天的成就，建議你使用專用筆記本來進行這項練習。

- 寫下你一生中取得的所有成就，列出五十件事。
- 每一天結束時，寫下當天完成的所有事情。（每天試著寫下五到十件事。）

◆練習2：填滿你的自尊罐子

將你完成的每一件事，寫在不同的紙條上，並將它們放入罐子裡。

◆練習3：開始寫正面日記

記錄你收到的每一個讚美。你的同事說你的鞋子很好看，記下來。你的朋友誇讚你的髮型，記下來。你的老闆說你做得很好，也記下來。

② 學會接受讚美

◆練習1：接受讚美

這個簡單的練習是幫助你學會接受讚美。每當有人稱讚你，請說以下的話：「謝謝你，〇〇〇（對方的名字）。」不要說「謝謝，但是……」、「謝謝，你也是」或「這沒什麼」，只要說「謝謝」。

◆**練習2：欣賞遊戲**

這個遊戲的目的是學會欣賞那些你以前沒注意到（或不喜歡）的事情。告訴你的夥伴，你欣賞他們的三件事，並請他們也如法炮製。盡量具體一些，不必擔心想不出什麼大事。以下是一些例子：

- 我欣賞你今天早上在匆匆忙忙的情況下還準備了早餐。
- 我欣賞你今天接了孩子。
- 我欣賞你下班後總是願意傾聽我的問題。

第21章

防衛心

我們對「正確」的執著，最能被理解為是對「錯誤」的恐懼。

——凱薩琳．舒爾茲（Kathryn Schulz），記者與作家

你是否經常為自己辯解？每當有人辱罵你或不尊重你時，你是否會被惹惱？你會產生防衛心，是出自非常特定的原因的。若你能意識到這些原因，對自己會有更深入的了解，進而能逐漸放下為自己辯護的欲望。

首先，讓我們來看看為什麼你會產生防衛心。

觸發防衛心的三大原因

防衛心源自於你想保護自己的故事（或你的自我）的欲望。每當你的自我受到威脅，你就會被觸發防衛心，覺得必須為自己辯護。我認為，導致你被觸發的主要原因有三個：

①對方說的話有一部分是真的。
②你相信對方說的話有一部分是真的。
③你所堅信的一個核心信念遭到攻擊。

請注意，因為每個人都有不同的故事，觸發你防衛心態的事情，可能不會觸發別人。

對方說的話有一部分是真的

有人提到了一個關於你的真實情況，這讓你感到受傷。舉例來說，對方指控你拖延某個計劃，而你無法接受這個事實，便導致你產生了防衛心。當這個話題被提起，它便觸發你的情緒反應，例如憤怒、否認或自我批評。

你相信對方說的話有一部分是真的

有人對你說了一些你自認為是事實的話，這讓你感到受傷。在這種情況下，對方的批評可能毫無根據，但你依然會覺得受傷。

為什麼呢？

因為對方所說的話確認了你對自己所抱持的不利信念。譬如，你相信自己不夠好，這個信念驅使你比任何人都更加努力工作。那麼，如果有人指責你懶惰，你就會感到被冒犯，但不是因為你真的懶惰，而是因為你相信自己應該更努力工作。

你所堅信的一個核心信念遭到攻擊

有人直接或間接攻擊了你的一個核心信念，讓你覺得必須為自己辯護，可能是宗教信仰、政治信仰，或是對世界、對自己的普遍信念。你對這個信念越執著，情緒反應就會越強烈。以下是一個很好的例子：

由於一些自由派人士認為唐納．川普（Donald Trump）是邪惡的，所以當他當選總統時，他們會出現強烈的情緒反應，有些人甚至會大聲咆哮或變得暴力；而相反地，許多保守派人士則對川普的勝利感到歡欣鼓舞。

為什麼人們會對同一件事有如此不同的反應呢？這是因為他們的核心信念不同。民主黨和共和黨的支持者，都強烈認同自己的政治信念，導致一些死忠的民主黨人為選舉結果淚流滿面，而一些死忠的共和黨人則為此興高采烈。

每當你強烈認同的某個信念遭到攻擊或挑戰時，你就會出現情緒反應。這個信念越深，你在它遭受攻擊時的情緒反應就會越激烈。一個極端的例子是：有人會為了捍衛自己的宗教，而不惜殺死任何膽敢批評它的人。

利用防衛心觸發的情緒來成長

觀察那些觸發你情緒的情境，**每當你覺得被冒犯時，問自己為什麼**。是什麼信念讓你覺得需要捍衛自己？你能放下這個信念嗎？這個信念是真實的嗎？

藉由這麼做，你會更加了解自己。你會發現，放下那些對你沒有幫助的信念是可能的，而且在大多數情況下，你甚至不需要為自己辯護。

掌控情緒自助練習簿

觀察你產生防衛心的情境

每當你產生防衛心時，問自己以下的問題：

◆我在試圖保護什麼？

◆我能放下這個信念嗎？

◆如果沒有這個信念，我會是什麼樣子？

第22章

壓力與擔憂

每一個擔憂裡，都隱藏著積極行動的機會。

每一個謊言裡，都有一絲真實。

每一個神經質症狀的背後，都有一個被誤用的、想要過一個充實美好之生活的渴望。

——大衛．K．雷諾茲，《建設性生活》

你是否曾經想過什麼是壓力，以及為什麼你會感受到壓力？大多數人認為某些情況會讓人感受到壓力。真相是，壓力並不存在於你自己之外，因此，可以說，沒有一種情況本身是帶來壓力的。然而，我猜想你經常感受到壓力，而且可能比你願意的還要頻繁。

每年都有成千上萬人因為單純的壓力因素而死亡。壓力比許多疾病帶來更多的傷害，讓無數家庭失去摯親。這也是你必須採積極的措施來降低壓力指數的原因。

為壓力承擔起責任

壓力是你可以有一些控制權的東西，因此你必須對它負起責任。你越是能對壓力負責，就越能減輕它。

壓力因各種不同原因而產生，並在不同的情境下表現出來。上班路途中的塞車、工作簡報、與老闆的緊張關係，或與配偶的頻繁爭執等，這些都是潛在的壓力來源。有兩種方式可以減輕壓力：

- 避免你認為有壓力的情境。
- 變得更擅長應對壓力情境。

我們會探討如何使用這些方法來降低你的壓力指數。

練習：列出你的主要壓力來源

讓我們來看看有哪些特定情境是你的壓力來源。使用本章最後的掌控情緒自助練習簿 P210，寫下在日常的一週裡，最讓你感到有壓力的事，至少列出十件。

重新解讀壓力

情緒的產生，是你對事件的解讀結果。**你經歷壓力（或任何其他情緒）的這個事實本身，說明你對發生的事情加上了自己的解讀與詮釋，否則你會過著無壓力的生活。**

現在，看看你所列出的壓力情境。針對每一個情境，自問以下問題：

- 那個情境本身是否充滿壓力？
- 我需要相信什麼，才會在那個特定情境中感受到壓力？
- 我需要相信什麼，才能在那個特定情況中減少或消除壓力？

舉例練習：假設你被困在交通堵塞的車陣中，感到壓力重重。

- **那個情況本身有壓力嗎？**

↓不，未必。交通堵塞的存在，本身並沒有什麼問題。

- **我需要相信什麼，才會在那個特定情境中感到壓力重重？**

↓我需要相信：

・不應該有交通堵塞，因此有個地方出了問題。
・交通堵塞本身就是個充滿壓力的事件。
・我應該要抵達自己要去的地方，而不是被困在車陣中。
・我可以做點什麼來改變現狀。

◆ **我需要相信什麼，才能在那個特定情況中減少或消除壓力？**

↓我需要相信的是：

・交通堵塞是一件像其他事情一樣正常的事。
・我不一定要因為困在車陣中而備感壓力。
・我現在被困在車陣中，暫時不必急著去我想去的地方。
・我無法改變現狀，所以不如享受這個過程，或至少不要因此而壓力重重。

處理擔憂

擔憂與壓力不同，因為它不是源自於你當下經歷的事，而是來自於你對過去事件或可能在未來發生之事件的擔憂。當你在當下面臨惱人的情境時，所感受到的則是壓力。

例如，讓你感受到壓力的情況可能是被困在車陣裡或被老闆訓斥，而擔憂則是回憶（過去）或預測／想像這些惱人的情況（未來）。有趣的是，你的許多擔憂其實是不必要的：

- 它們發生在過去，而且你絕對無法改變過去。
- 它們可能發生在未來，而你無法控制未來。

列出你的擔憂

列出你擔憂的事情（過去或未來的）。這些事可能與你在練習中所列出的壓力來源相似（P210）。你可能擔憂的例子包括：

- 你的健康
- 你的財務狀況
- 你的工作
- 你的人際關係
- 你的家人

現在，寫下至少十個你在日常的一週裡經常擔憂的事。

梳理你的擔憂

持續的擔憂源自於試圖控制那些你無法控制的事情。當你這樣做時，就會在生活中製造不必要的壓力。為了更有效地處理壓力並克服慢性擔憂，學會梳理擔憂極為重要。一種有效的方法是，**將你可以控制的事情和無法控制的事情分開**。

你可以將擔憂分為三種不同類型：

- 你可以控制的事情
- 你能部分控制的事情
- 你完全無法控制的事情

你可以控制的事情

這一類型的事包括你的行動和行為，例如你可以選擇要說什麼，以及如何表達。你也可以決定為了達成目標要採取哪些行動。

你能部分控制的事情

對於一些事情，你只有有限的控制權，例如比賽或面試。你無法確定自己一定會贏得一場網球比賽，但是對結果擁有一些控制權。例如，你可以選擇更努力訓練，或是聘請優秀教練。同樣地，你可以藉由廣泛研究應聘的公司或進行模擬面試，來為面試做準備，但你無法完全控制面試的結果。

你無法控制的事情

不幸的是，還有許多事情是你無法控制的，這些包括天氣、經濟狀況或交通堵塞。

當你列出惱人的情況後，請檢視這個情況是哪一種擔憂類型，然後在每一項旁邊標上C（control，可控制）、SC（Some Control，部分控制）或NC（No control，不可控制），這個簡單的分類舉動就已經對減輕你的擔憂有所幫助了。**當你認出那些你無法控制的事情時，便可以放下擔心它們的衝動**。

現在，對於那些你能（部分）控制的事情，寫下你可以做些什麼。你可以採取哪些具體行動來緩解擔憂？

對於那些你無法控制的事情，你能否放下對它們的控制欲，轉而選擇接受它們呢？

對你的壓力和擔憂負起全部的責任

如果你對自己的擔憂擁有比你想像中更多的控制權呢？

看看那些你無法控制的情況，自問：「如果我能控制它們，我會怎麼做？那會是什麼樣子？我該如何預防這種事發生？」

通常，你會發現自己對這些情況擁有一些控制權。這可以透過改變它們、重新解讀它們，或是將它們從你的生活中移除來實現。

假設你將交通堵塞認定為你無法控制的事，這聽起來頗為合理。一旦你被困在車陣中，便無法做出太多改變。

然而，你是否能用不同方式來處理這個問題？例如，你是否可以提早出門或選擇另一條行車路線呢？

那麼，重新解讀這種情況呢？與其在心理上逃避這種情況，你可以選擇完全投入其中，將交通堵塞變成你一天中創造成效的一部分。你可以充分利用這段時間來聽有聲書。想像一下，如果你每天上班時都聆聽有聲書，整整一年下來你能學到多少知識？

瀏覽你的清單，找出那些你無法控制的事情。寫下你可以做些什麼來改變這些事件、換個方式看待它們或消除它們。

緩解壓力與擔憂

① 列出你的主要壓力來源

寫下在日常的一週裡，最讓你感到有壓力的事，至少列出十件。

② 重新解讀情境

現在，針對每件事，問自己以下問題：

- 那個情境本身是否充滿壓力？
- 我需要相信什麼，才會在那個特定情境中感受到壓力？
- 我需要相信什麼，才能在那個特定情況中減少或消除壓力？

③ 列出你的擔憂

就像對待壓力情境一樣，列出令你擔心的事（過去或未來）。你可能會寫下跟前面的練習中類似的東西，這很正常。

你可能擔心的事包括你的健康、財務狀況、工作、人際關係或家庭。現在，至少寫下十件你在日常的一週裡會擔心的事。

④梳理你的擔憂

看看你的壓力情境清單。在每個項目下方標註C（可控制）、SM（部分控制）或NC（不可控制）。

現在，對那些你能（部分）控制的事情，寫下你可以採取哪些具體行動。

⑤改變、重新解讀或消除壓力情境

檢查你的清單，看看有哪些事情是你無法控制的。寫下你可以做些什麼來改變、重新解讀或消除這些事情。如果你無法做任何事，是否可以放下控制它們的心態，轉而接受它們？

—第23章—

在意別人對你的想法

別人的想法怎麼可能傷害到你？真正傷害你的，是你對他的想法的想法。改變你的想法吧。

——弗農·霍華德，《超腦的力量》

你是否過於在意別人對你的想法呢？在本章，我會解釋為什麼你會如此在乎別人對你的想法，並告訴你如何紓解這種情況。

你是世界上最重要的人

首先，要明白你是世界上最重要的人。如果你不相信我，可以回想一下你上次感到劇烈疼痛的時候，也許是牙痛或動手術，也許發生意外摔斷了腿。當時你在想什麼？你會關心非洲的饑荒嗎？你會擔心中東戰爭裡無辜傷亡的人嗎？

不會。

當時你唯一想要的就是讓疼痛快點消失，這是因為你是世界上最重要的人。由於你每天二十四小時都必須與自己相處，因此關心自己的身心健康是很正常的。

你必須了解，這種情況也適用於地球上的每個人。例如，對我來說，你不是世界上最重要的人——我才是。而從你的朋友、家人和同事的角度來看，情況也是如此。

由於你總是與自己相處，你會錯誤地（通常是無意識地）認為人們比實際上更頻繁地想著你。其實，大多數的時候，人們並不關心你。雖然這聽起來有點令人沮喪，但實際上這是一種解脫，意味著你不必那麼擔心別人怎麼看你。正如一句知名諺語所說：「當你二十歲時，你會在乎每個人對你的想法；當你四十歲時，你開始不在乎每個人的想法；而當你六十歲時，你領悟到根本沒有人在想著關於你的事。」

雖然你會牢記自己的所有錯誤和尷尬時刻，但沒有其他人會這麼做。人們只是忙著擔心自己的事。簡而言之，人們不會：

- 記住你過去的失敗。
- 閱讀你在社交媒體上發布的每一則消息。
- 記住你的尷尬時刻。

◆（頻繁地）想到你。
◆像你在乎自己那樣在乎你。

不是每個人都會喜歡你

你在乎別人對你的想法，是因為你希望他們認同你。你認為，避免挑起事端是達到這個目的的最佳方式。因此，你可能會花上一生的時間來努力成為一個完美的人，期望受人喜愛。然而，這通常不管用。**無論你多麼優秀，總會有一些人不喜歡你**。你可能試圖「修正」別人對你的印象，但這同樣無效，人們依然想怎麼看你就怎麼看你，因為他們根據的是自己的價值觀和信念。

因此，如果你將自我價值建立在別人對你的想法上，你就會永遠受制於他人的認可。如果他們突然不認同你，那會怎樣呢？不幸的是，**無論你獲得多少外在認同，都無法彌補缺乏自我認同的問題**。

如果你太過努力地想要受到每個人的喜愛，你的生活可能會變得沉悶乏味，無法表達你真正的個性。你最終會去模仿朋友、取悅身邊的每個人，卻忘記取悅這個世界上最重要的人——你自己。

別人對你的想法，並不關你的事

你對別人的想法沒有責任。事實上，別人對你的想法，並不關你的事。你的任務是盡可能表現出自己的真實性格，同時保有純正的意圖。簡單來說，**你的責任是盡力做最真實的自己**。如此，人們可能會喜歡你，也可能不會，但是無論如何都沒關係。記住，許多最有影響力的人，例如總統、政治家，經常被數百萬人討厭。

因此，**不要將「改變別人對你的看法」當成自己的使命**。每個人都有權擁有自己的信念和價值觀，他們也有權不喜歡你，他們有自由去透過自己的濾鏡詮釋你的表現和行為。個人成長的一部分就是接受這個事實：你不必受到每個人的喜愛，最終，你可以做真正的自己。

如何利用這種情緒來成長？

太有自我意識（self-conscious），代表著：

- 你對他人如何看待你的方式抱持扭曲的看法。
- 你執著於想要保護的自我形象。

要擺脫太有自我意識的現象，你必須解決以下兩個問題：

改變你對他人如何看待你的詮釋

若要降低自己對他人想法的在意程度，首先要重新定義你與他人的關係。這包括了解到：

- 一般而言，大多數人並不在乎你。
- 而且，你也不在乎他人。

練習1：了解到人們不在乎你

這個練習將幫助你從較深的層次來理解，大多數人並不是真正在乎你。

- 選擇一個你認識的人，可能是朋友、熟人或是同事。
- 問問自己，在日常生活中，你想起這個人的頻率有多高。
- 然後，設身處地思考，想像這個人一天之中有多少時間在想著你？他有多關注你所說或做的事？他現在可能在擔心什麼？

◆至少用兩到三個人重複這個過程。

透過這個練習，你會發現其他人根本沒有時間經常想起你。畢竟，他們每天二十四小時都在與自己相處。在他們眼裡，他們自己才是世界上最重要的那個人，而不是你，這是完全可以預期的。

練習2：了解到你並不在乎他人

你也不是那麼在乎他人。以下的練習會讓你了解這一點。

◆回顧你的一天，試著記住所有你曾遇到或互動過的人。他／她可能是你去吃午餐的那家餐廳的服務員，或是你在街上看到的人等等。

◆請問問自己，在這次練習之前，你有多常想起這些人？你很可能根本沒有想過他們，對嗎？

正如你所看到的，其實你沒有太多時間擔心別人。大多時候，你只在乎自己。這並不表示你缺乏同情心或是個自私鬼，這只是身為人類的正常反應罷了。

停止過度執著於你的自我形象

如果你太有自我意識，可能是因為你太過擔心別人如何看待你。也許你想要他們的贊同，或是害怕他們的評斷。

你必須學會放下這種自我形象，這極為重要。

練習：放下你的自我形象

首先，寫下所有你害怕受到評斷的事情。也許你擔心自己的外表，或害怕說錯話。

接著，寫下你為何在意的原因。

例如，問題出在哪裡？你在努力保護什麼形象？是否人們認為你很聰明，而你害怕自己無法符合這個形象？你是否害怕因為說錯話而被拒絕？

這個練習能讓你更加覺知到自己所擔心的事情，並幫助你處理它們。此外，不要忘記完成第十三章〈放下你的情緒〉中提到的練習P128。

最後，記住，**人們永遠會根據他們的價值觀和信念來詮釋你的言行**。因此，為了讓你的性格盡情發揮，你別無選擇，只能讓他們以自己的方式看待你。

避免過度在意別人對你的想法

改變你對他人想法的理解

練習1：了解到人們不在乎你

這個練習將幫助你從較深的層次來理解到以下這個事實：大多數人並不是真正在乎你。

寫下一個你認識的人的名字。

寫下你在日常生活中想到這個人的頻率。

現在，站在這個人的角度想一想，他一天之中有多常想到你？

他有多在乎你做了什麼或說了什麼？

你認為他現在正在擔心什麼？

至少再對另外兩個人重複這個過程。

練習2：了解到你並不在乎他人

◆回顧你的一天，試著記住所有你曾遇到或互動過的人。他／她可能是你去吃午餐的那家餐廳的服務員，或是你在街上看到的人等等。

◆問問自己，在這次練習之前，你有多常想起這些人？

◆承認這個事實：你其實很少想到其他人，而他們也一樣很少想到你。讓這個事實沉澱，並容許自己感到解脫。

停止過度執著於你的自我形象

寫下所有你害怕被批評的事。也許你擔心自己的外表，或害怕說出一些蠢話：

對於清單中的每一項，寫下你在乎的原因。問題在哪裡？你在努力保護什麼樣的形象？

第24章

怨恨

即使我們無法愛我們的敵人，至少也要愛自己。讓我們好好愛自己，愛到不允許敵人掌控我們的快樂、健康和外貌。

——戴爾．卡內基，《卡內基快樂學》

當你怨恨他人時，你是對他們感到憤怒，因為他們沒有按照你想要的方式行事。也許他們違背了承諾，或是沒有給予你所期望的東西；也許你認為他們欠你一些東西卻沒有還你？

怨恨常常是在你未能與所怨恨的人進行有效溝通時所累積的，也就是說，當你沒有告訴他們，你覺得受傷，或是沒有表達出你的需求和願望，而是假設他們會自然而然地滿足這些需求的時候，怨恨就會逐漸增長。**怨恨也會在你表達了自己的感受卻無法放下並原諒時繼續增長**，正如南非前總統曼德拉曾說過的：「怨恨就像喝毒藥，然後希望它能毒死你的敵人。」但這是行不通的。

和其他情緒一樣，怨恨會隨著以下的公式增強：詮釋＋認同＋重複＝強烈情緒。

你可以因為一件微不足道的事而怨恨一個人多年，這根據的是：

- 你對事件的詮釋。

- 你認同了對自己講述的故事。

- 你在腦海中反覆播放這件事的次數。

假設你的一個朋友「背叛」了你，沒有邀請你參加某個派對。在你心中，你的朋友真的背叛了你，你因而深深怨恨他。你忍不住這麼想：「他怎麼能這樣對待我？」這個念頭縈繞在你心頭數個星期，於是你決定與他斷絕來往。幾個月之後，你還在怨恨他。

請注意，朋友沒有邀請你參加派對這件事本身，其實並不會讓人沮喪，**讓你產生怨恨的，是你對這件事的詮釋**。

現在，有沒有可能你的詮釋是錯的？如果是你的朋友認為你不會喜歡那個派對呢？如果他認為你太忙了呢？當然，他至少應該邀請你，但沒有人是完美的。如果你能先把自己的詮釋擺一邊，當時就面對面把話說開，事情可能會有不同的結果。

助長怒火的原因，通常是你無法或不願意跟你所怨恨的人面對面把話說開，反而不停在腦海中回憶（你自認為）發生過的事。

結果，隨著時間過去，你的怨恨越積越深，如果你必須固定與自己怨恨的人互動，情況尤其如此。

利用怨恨來成長

怨恨的產生源自於你無法原諒對方並讓生活繼續向前走，因為你執著於過去，而不是將焦點放在未來可能發生的事。當你覺得怨恨時，其實正好有機會學習如何原諒、放下，更重要的是，如何愛自己。

怨恨是在告訴你，你必須愛自己，並且重視內心平靜更甚於其他任何事。**比起證明自己是對的、去報復或憎恨他人，內心的平靜應該更為重要**。

簡而言之，走出怨恨的過程，就是在對自己發出愛的宣言，讓自己能繼續往前走，同時也展現出對他人的慈悲。

愛自己

引用曼德拉所說的話，怨恨是你同意喝下的毒藥。怨恨是你允許在內心花園裡生長的雜草。當你心生怨恨時，就認為自己應得的東西被不公正地奪走了，例如，那可能是他人的信任、尊重或愛。因此，你覺得自己彷彿遭到攻擊。

只要你對「證明自己是對的」和「復仇」的需求，比內心平靜更加重要，怨恨就會持續存在。只要你繼續用怨恨的念頭餵養這種情緒，它就會不斷滋長。而且只要你壓抑它，它就會持續存在。因此，將內心平靜放在優先位置，並學會原諒他人和自己，是非常重要的。

愛他人

你釋放怨恨的能力，與你的慈悲心強度相關；慈悲心越強，你就越容易放下怨恨。你必須了解的一個重要觀點是，人們總是基於他們的意識或無意識層次而行事。你可能希望某人對你有不同的行為表現，但是如果對方沒做到，可能是因為他們無法做到。

因此，**與其說人們是好是壞，不如說他們是有意識的或無意識的**。當他們對你做出惡劣行為，常常是因為他們缺乏意識，或當下處於負面的情緒狀態。

令人難過的是，大部分的人都被深深制約了。他們的成長過程驅使他們以某種方式行事。人們通常會模仿自己父母的行為，這就是為何我們常聽說曾被父母虐待的人，最終也會虐待自己的孩子。

正如艾克哈特・托勒在《當下的力量》一書中這麼寫道：

「頭腦被過去所制約，總是試圖重現它已知和熟悉的事物。即使是痛苦的，也至少是熟悉的。頭腦總是依附於已知的事物。未知是危險的，因為它無法控制。這就是為何頭腦不喜歡當下，也無視它的原因。」

簡而言之，（無意識的）人類頭腦的本質，是執著於舊有模式，並不斷讓它們再現。檢視你的家族歷史，你可能會注意到這些模式。你會看到人們是如何被制約的，這顯示了要人們打破既有模式是多麼困難的一件事。

我曾經怨恨我的母親過度保護我。我責怪她沒有鼓勵我成長，她的所作所為讓我比原本的我更脆弱，也許這就是我展開個人成長旅程的原因之一。然而，後來我了解到她並無惡意，她只是出於善意，盡她所能來做事。

重點在於，人們會依照他們所擁有的條件，做他們能做的事——根據他們的本性、受到多少制約，來做他們能做的事。他們也犯了許多錯，但每個人都會犯錯，這是身而為人都會有的一部分。

人類最荒謬的行為之一，就是試圖去改變過去。過去發生的事就應該發生，因為它確實發生了。

現在的問題是，你打算怎麼處理它？

放下怨恨的方法

為了開始放下怨恨，我們會討論以下幾件重要的事：

- ◆改變／重新評估你的詮釋
- ◆面對情況
- ◆原諒（破除認同）
- ◆忘記（停止重複）

怨恨源自於你對發生之事的詮釋，這份詮釋讓你覺得遭到背叛，並產生憤怒，甚至想要復仇的念頭。

當你在腦海中反覆播放那個情境時，便是容許怨恨不斷累積，而且，由於你逃避了與怨恨根源的情境或對象正面對決，這種情緒便持續增長。

為了防止怨恨積聚，你必須重新評估對發生之事的詮釋，同時要勇於面對你所怨恨的人或情境。在這麼做之後，你必須願意原諒並釋放怨恨。最終，你必須選擇忘記，不再反覆回想這個場景。

① 改變／重新評估你的詮釋

若要看到事情的全貌，很重要的是要檢視你對發生之事的詮釋。

有沒有可能你誇大了當時的情況？

有沒有可能你誤解了什麼？

問問自己：到底發生了什麼事？

當你去除個人詮釋之後，只會剩下客觀事實。檢視實際發生了什麼事，或許能為你帶來寶貴的洞見，讓你用賦予你更多力量的詮釋，來取代當前的想法。

② 直接面對情況

如果你的怨恨是針對某個人，也許你會需要與他進行一次坦誠的討論，分享你的感受。怨恨通常是在你沒有與對方分享感受時所累積的，而這種情況通常是出於**恐懼**：害怕自己顯得脆弱、害怕傷害對方，或害怕對你們的關係造成負面影響。

如果你無法直接與那個人對話，可以選擇寫信；即使不寄出去，僅僅是寫信這個過程，也可能會幫助你釋放一些怨恨。

③原諒

現在你已經找到了一個表達自我的管道，可以開始原諒了。你已經檢視過事實並重新評估了你的詮釋。如果需要，你也和怨恨的對象進行了坦誠的討論。你做了該做的事，現在你可以放下了。

想一想怨恨帶來的負面影響，寫下它如何影響了你的幸福快樂和內心的平靜。記住，怨恨是你執著於過去的結果，而原諒只是重新連結上那唯一真實的當下，同時忘記那不再真實的過去。然後，釋放它。想像一下，一旦你放下怨恨，你的生活會變成什麼樣子，你的感覺又會如何。現在就這麼做，然後放下，原諒。

記住，**原諒是一種愛自己的行為。你原諒，不僅是因為你有慈悲心，更因為你珍視自己的快樂勝過一切**。當你原諒時，就放下了對自己故事的執著，並遠離了相關的念頭。要釋放怨恨，你可以使用第十三章〈放下你的情緒〉裡介紹的「釋放情緒的五步驟流程」P125。

④忘記它

最後，忘了吧。

所謂的忘記，就是停止讓怨恨的想法縈繞在心頭，毅然而然向前邁進。當這些念頭出現時，讓它們走吧。一段時間過去之後，它們就會失去力量。

掌控情緒自助練習簿

放下怨恨的四步驟

① 改變／重新評估你的詮釋

寫下究竟發生了什麼事。如果你排除個人的詮釋，剩下的客觀事實是什麼？

② 直接面對情況

如果你的怨恨是針對某個人，也許你需要與他坦誠討論。若你們無法直接交談，你可以寫封信。即使你不把信寄出去，寫信的過程也可以幫助你放下一些怨恨。

③ **原諒**

現在，既然你已經找到表達自我的管道，你可以開始原諒。寫下你的怨恨如何影響了你的幸福快樂與內心的平靜：

現在，想像你放下怨恨之後的生活是什麼模樣，以及你會有什麼感覺。現在就這麼做吧。放下怨恨，讓自己原諒。

④ **忘記它**

最後，忘記它。承諾自己要放下怨恨的想法。當這些想法再次生起時，放手讓它們走。

第25章 嫉妒

覺得嫉妒代表你渴望擁有他人所擁有的東西，但目前卻沒有。每個人偶爾都會感到嫉妒，你不該為此責怪自己。在此，我會解釋嫉妒是如何運作的，並提供一些處理嫉妒的解決方案。

利用嫉妒來成長

嫉妒源自於你認為自己不夠好的信念，而這來自於一種缺乏與匱乏的心態。你渴望擁有他人所擁有的東西，認為它能滿足你。或者，你害怕失去你認為屬於自己的東西或人。

嫉妒可以幫助你找到真正想要的東西

嫉妒可以讓你知道自己走錯了路，並幫助你找到自己真正想要的東西。例如，蘇珊．凱恩

（Susan Cain）在著作《安靜》中解釋說，她經常嫉妒那些成為作家或心理學家的朋友。有趣的是，雖然當時她是個律師，卻不會嫉妒成功的律師，反而她的律師朋友經常會嫉妒成功的律師。這讓她意識到，自己其實不適合當律師，於是她轉換了職業，成為一名作家。

我也有過類似的經歷。我在當顧問的時候，並不羨慕公司裡的成功人士。相反地，我在個人的成長旅程中，開始嫉妒成功的個人成長部落客與YouTuber。我特別嫉妒這個領域的其中兩個人，並且領悟到他們正在做的是我想要做的事。我會想像自己幫助他人並對社會做出貢獻，同時在這個過程中學習和成長，這是一件多麼美妙的事。這就是為何我會成立部落格，並開始寫書。正如你所看到的，如果嫉妒獲得妥善利用，也可以帶來有益的結果。

練習：指出你在嫉妒誰

寫下你所嫉妒的人。現在，這說出了什麼關於你以及你的人生真正渴望的事？

嫉妒可能顯示你有匱乏心態

在其他情況下，嫉妒可能表示你正在匱乏心態下運作。

讓我用自己的一個例子來說明：當我看到暢銷書作家時，有時會感到嫉妒，我感覺他們似乎在竊取屬於我的一部分成功，而我也應當像他們一樣獲得成功。我對這種感覺並不自豪，但也不會責怪自己有這種感覺。

這種嫉妒的感覺源自於一種信念，即認為外面的成功數量是有限的。因此，每當有人取得了一點點的成功，就好像他們在偷走屬於你的那一份。有趣的是，通常情況並非如此。對作家來說，情況恰恰相反。作家之間越是能合作，成功的機會就越大；一個試圖單打獨鬥的作家往往容易失敗。當然，這並非僅適用於作家。**將競爭心態轉化為合作心態，可以幫助你從匱乏感轉向豐盛感**。

現今，當我看到其他作家成功時，就會提醒自己這是個好消息。畢竟，如果他們能做到，我也能做到。而且我的同僚越成功，他們就越有能力在未來幫助我。反過來說也同樣成立，我越是能幫助其他作家成功，他們也越能在未來幫助我。正如美國知名勵志作家及演說家吉格・金克拉（Zig Ziglar）所說：「如果你幫助別人獲得他們想要的東西，你也能獲得人生中想要的一切。」記住，別人能做到的事，你也辦得到。還要記住，成功並不是一種有限的資源。

練習：合作而非競爭

回想一下過去你嫉妒他人成就的時候。現在，問問自己，為什麼你會有這種感覺？接著，再問自己：

◆ 支持那個人會是什麼樣子？
◆ 我如何與那個人合作？
◆ 為什麼那個人的成功對我有好處？

嫉妒可能表示你要解決自尊問題

也許你害怕你的男友或女友會對你不忠，或是離開你去找別人。這通常來自於你覺得自己不夠好，覺得自己需要男友或女友才能讓你「完整」的信念。不幸的是（或說幸運的是），正如你無法控制人們對你的想法或行為，你也無法控制所愛之人的想法或行為。你試圖控制伴侶的那份欲望，通常會將他們推得更遠。雖然偶爾感到嫉妒是正常的，但如果你過度地嫉妒，那就需要檢視自己的內心了。**你的不安全感和恐懼通常源自於缺乏自尊心，以及對自己無法去愛或不會得到愛的擔憂。**

嫉妒可能導致以下行為：

◆ **試圖控制你的伴侶**：你可能會檢查伴侶的手機或電子郵件，或阻止他們出去見朋友。
◆ **測試你的伴侶是否愛你**：你可能會期待伴侶以某種方式行事，而當他／她不那樣做的時候，你就會覺得遭到背叛。這源自於一種信念：你不必告訴伴侶你想要或需要什麼，他／她就應該猜得到。

◆**想像不存在的事情**：你透過推測事實，在腦海中編造出各式各樣的故事。

我邀請你參考第二十章〈我不夠好〉的內容 P180 ，學習如何培養更健康的自尊。

嫉妒可能在提醒你要停止與他人比較

弗農．霍華德在《超腦的力量》一書中提到：「數百萬人長期共同的不滿之一，就是認為別人比自己更幸福快樂。我向你保證，他們並沒有。對於那些表面上看起來幸福快樂的人，如果你能看見他們的微笑與活動底下隱藏的憂傷，就會發現他們有多麼渴望能待在其他地方、做些不同的事情、成為和自己不同的其他人。」

嫉妒往往源自於與他人比較。重要的是要領悟到，這種比較通常適得其反，而且充滿偏見。事實上，你很少真正進行「蘋果和蘋果」的公平比較。你看見朋友的成功，但沒有了解到那只是全貌中的一部分。雖然他們表面上看起來很快樂且成功，但很可能他們內心就是覺得不快樂，甚或憂鬱。重點在於，與其假設你的朋友比你更快樂，不如假設你和他們一樣快樂。

此外，請避免只關注你朋友看似比你更好的面向。也許你會將焦點放在他們賺的錢比你更多，或是他們有伴侶而你仍然單身，又或者，你羨慕他們的某些天賦和能力。問題在於，你沒有做出「蘋果和蘋果」的比較（註：而是做出「蘋果」和「柳橙」的比較），忽略了自身的優勢或特質，這讓你覺得自己彷彿沒有他們那麼好。

甚至更糟的是，你可能會經常拿自己與多個人進行比較。你會去看他們成功的領域，然後再檢視自己的生活，看自己與他們比較起來表現如何。當然，結果不會太好。你怎麼能與多個人的綜合優勢來競爭呢？你能看出這種比較有多麼偏頗和不切實際嗎？然而，許多人都在無意識地做著這樣的事。

總歸來說，如果你感到嫉妒，可能是因為你在進行這種不公平的比較。何不這麼做——**將「今天的自己」與「昨天的自己」進行比較**呢？畢竟，你唯一能做的就是努力比昨天、上個月或去年更好。由於每個人一開始的環境、技能和個性就大不相同，所以根本不存在所謂公平的比較。

練習：蘋果和蘋果的比較

這個練習將幫助你更公平地比較自己與他人。

選擇一個你經常與之比較的人，寫下你在哪些方面做得比那個人更好。

處理嫉妒

◆**指出你在嫉妒誰**

寫下你所嫉妒的人。現在，這道出了什麼關於你以及你的人生真正渴望的事？

◆**合作而非競爭**

回想一下過去你嫉妒他人成就的時候。現在，問問自己，為什麼你會有這種感覺？接著，再問自己：

- 支持那個人會是什麼樣子？
- 我如何與那個人合作？
- 為什麼那個人的成功對我有好處？

◆「蘋果和蘋果」的公平比較

選擇一個你經常與之比較的人，寫下你在哪些方面做得比那個人好。我做得更好的地方：

然後，承認你最初的比較是多麼偏頗。

第26章

憂鬱

憂鬱最困難的地方在於它具有成癮性。當你不覺得憂鬱時，反而會不舒服；當你感到快樂時，甚至會覺得內疚。

——皮特．溫茲（Pete Wentz），音樂家

非臨床性的憂鬱，發生在你人生未達到理想狀態，完全失去對未來的希望，而且無法接受這個現實的時候。這可能發生在你經歷了一場悲劇事件之後，或是當生活中的某些面向緩緩崩塌時，憂鬱便漸進地形成。**憂鬱源自於你對生活某些領域感到絕望**，以下是一些例子：

- 你失去工作，而且對找到一份符合預期的新工作不抱希望。
- 你生病了，並且無法指望康復到理想狀態。
- 你與伴侶離婚，而且只能偶爾見到孩子。
- 你對找到合適的伴侶幾乎不抱任何希望。

◆ 你背負巨額債務，而且似乎永無翻身之日。
◆ 你經歷了喪親之痛。

雖然上述事件都相當悲慘，但憂鬱也可能源自於一些更「普通」且沒那麼嚴重的事件。例如，有些人會因為過度沉迷於過去或擔心未來，而在最終陷入憂鬱，即便他們的生活裡並沒有發生重大事件。

關鍵在於要提醒自己，憂鬱和其他情緒狀態一樣，既不好也不壞。你並不是你的憂鬱，你在憂鬱之前就存在，在憂鬱期間也存在，而且如果一切照常，你在憂鬱過後依然會存在。

憂鬱是一個主動的過程

儘管憂鬱似乎是發生在你身上的事件，但實際上，它是由你所認同的負面思想所創造的。因此，**你對於創造自己的憂鬱情緒負有一定的責任**。這是否意味著你應該因此感到內疚，或責怪自己？當然不是！永遠不要這麼想。事實上，**你永遠不應該為自己所感受到的任何情緒而責怪自己，那是毫無意義的**。然而，這也意味著，既然你在當前情緒狀態的創造過程中發揮了作用，那麼你也有能力走出它。這是個好消息，不是嗎？

還記得大衛．K．雷諾茲博士的第一手憂鬱經驗嗎？他寫了以下這段話：「憂鬱的情緒可以這樣創造出來：駝著背坐在椅子上，肩膀下垂，頭低垂。反覆說著這些話：『沒有人能做什麼，沒有人能幫我，無望了。我絕望了，我放棄了。』搖頭，嘆氣，哭泣。總之，表現得很憂鬱沮喪，真實的感受便會隨之而來。」

大衛．K．雷諾茲的憂鬱完全是自我創造的。這是一個主動的過程，涉及採取特定的身體語言，反覆說出一些特定的話，並抱持特定想法。他必須以特定的方式行動，才能陷入憂鬱。好消息是，**既然你擁有「創造」憂鬱的能力，也就有能力從中走出來**。然而，在憂鬱這種負面狀態下，要做到忽視負面思想，並以更正面的想法取而代之，可能難度極高。即使你嘗試去思考關於感恩、喜悅或幸福快樂的正面思想，但這些思想在一開始似乎沒有任何力量。

但是，你可能會體驗到其他負面情緒，例如憤怒。剛開始你可能會忽視你的憤怒，甚至朋友也會鼓勵你這麼做。他們寧願看到你安靜憂鬱，也不願看到你憤怒。然而，有時憤怒可以幫助你攀升情緒階梯，進而克服憂鬱。記住，**任何情緒都比憂鬱更好**，**要學會擁抱那些能帶給你更多能量的情緒狀態，因為它們能幫助你攀升到更高的情緒狀態**。

大衛．K．雷諾茲還指出，即使是憂鬱的人，他們的情緒也會隨著時間波動。他寫道：「即使在最深的憂鬱當中，情緒仍有一些細微的起伏和波動。」你可以利用那些感覺稍微好一些的時刻，採取對你有益的行動。

利用憂鬱來成長

憂鬱是你與現實脫節的徵兆。

你是否注意到，人類是地球上少數幾個會變得憂鬱的物種之一？因為人類是唯一能迷失在自己的思想，並被負面想法和無力感的故事所奴役的物種。

憂鬱是一個徵兆，表示你需要遠離頭腦的思想，放下對過去或未來的擔憂，或者對當前情況的詮釋，然後重新連結到當下時刻。它可以是一份強而有力的邀請，讓你放下自己多年來所執著的身分。正是這種身分讓你相信自己應該要做某些事、賺到某些數目的金錢、過著某種生活，或是取得某些社會地位。

憂鬱邀請你重新與自己的身體和情緒取得聯繫，同時遠離你頭腦的思緒。畢竟，一開始正是你的思想「創造」了憂鬱。有些經歷嚴重悲傷、哀痛或憂鬱的人，喜歡讓自己保持忙碌，以避免思考。**人在憂鬱的時候，更多的思考通常不是解決之道**——你鮮少看到有人藉由思考而擺脫憂鬱。

因此，與其思考，不如重新與你的身體取得聯繫。運動是一個很好的方式，而且已被證明可以改善情緒（詳見第五章〈利用身體來影響情緒〉的「運動的益處」P80）。

在一些罕見的情況下，嚴重的憂鬱可能會讓人與自己頭腦的思想分離。當這種情況發生時，他們的故事會突然消失。顯然，這就是艾克哈特．托勒在《當下的力量》一書裡所描述的經歷。他突然覺醒，思想停止了。以下是他對此一經歷的描述：「這次的抽離必定極為徹底，以至於這個虛假的、受苦的自我立即崩潰了，就像一個充氣玩具被拔掉了塞子一樣。」

總括來說，憂鬱告訴你要放下自我，重新連結上現實。它邀請你走出頭腦，因為頭腦只能回憶過去或期待未來，而無法真正活在當下。嚴重的憂鬱可能需要專業的協助，但對於較輕微的憂鬱，這裡有一些緩解策略：

練習：重新與你的身體和情緒取得連結

要克服憂鬱，跳脫頭腦的思維是至關重要的。比起「思考」如何擺脫憂鬱，透過「感受」來走出憂鬱會更容易。我敢說，大多數人有超過百分之九十的時間都活在自己頭腦的思維裡，他們只有在極少數的時刻能夠清醒地完全處於當下。舉例來說，當他們在與人交談時，並沒有真正地聆聽對方，而是：

- 評斷和解讀對方的話。
- 預測對方接下來要說些什麼。
- 迷失在自己的思緒中。

所有這些都發生在「頭腦」層面，顯示人們並非完全處於當下。因為他們要麼生活在過去，要麼生活在未來（亦即在頭腦中），所以會體驗到許多負面情緒。以下是一些幫助你重新與身體和情緒取得聯繫的方法：

◆ **運動**：如前所述，運動是一種讓頭腦平靜下來並與身體取得聯繫的好方法，能對情緒發揮正面影響。

◆ **靜心冥想**：靜心冥想是一種觀察頭腦思維的有效方式，讓你不再對想法過度認同。靜心冥想是一種工具，幫助你透過觀察思想、情緒與感覺，來與現實重新連接上，而非迷失在頭腦裡。

◆ **活動**：讓自己忙碌起來，可以避免過度思考。與其不斷用負面思考來加深你的憂鬱，不如將注意力集中在其他事情上。

◆ **關注他人**：正如戴爾．卡內基在《卡內基快樂學》一書中提到的，阿爾弗雷德．阿德勒（Alfred Adler）曾經對他的憂鬱症患者這樣說：「如果你遵循這個處方，就可以在十四天內痊癒，那就是每天思考如何取悅他人。」無論這個說法是否正確，但是，專注在他人身上，確實可以幫助你忘記自己的問題，並且將注意力轉向更積極正面的事情上。

不幸的是，當你感到憂鬱時，可能不想做這些事情。但是，如果你開始行動並讓自己忙碌起來，情況就會逐漸改善，一切會變得越來越容易。因此，重要的是一步步來。

掌控情緒自助練習簿

重新與你的身體和情緒取得連結

做以下的其中一件或幾件事：

- **運動**：運動是一種讓頭腦平靜下來，並與身體取得聯繫的好方法，能對情緒發揮正面影響。
- **靜心冥想**：這是一種觀察頭腦思維的有效方式，讓你不再對想法過度認同。
- **活動**：讓自己忙碌起來，可以避免過度思考。
- **關注他人**：戴爾．卡內基在著作《卡內基快樂學》一書中指出，憂鬱可以在十四天內治癒。該怎麼做呢？每天想辦法幫助一個人，連續兩週。

—第27章—

恐懼與不適感

人生總是從走出舒適圈的第一步開始。

——香農．L．阿爾德（Shannon L. Alder），勵志作家

每次我們嘗試新事物，總是會感到焦慮。我們害怕未知，這就是為什麼我們喜歡保有日常習慣，停留在舒適圈內的原因。從大腦的角度來看，這是合理的。如果當前的習慣能讓我們保持安全，避免任何可能威脅生存（或自我）的潛在威脅，為什麼要改變呢？這解釋了為何我們常常重複相同的日常，甚至在思想上也一成不變。這也是為何每當我們試圖改變自己，往往會在內在體驗到強烈抗拒。

因此，當我們試圖走出舒適圈，便會感受到恐懼和不安。現在，我們想要一輩子待在同一個地方，避免冒任何風險嗎？還是我們想追求夢想，看看自己能有什麼潛力？我們必須記住，**大多數的恐懼都只會威脅到自我，而不是生存。一般來說，它們並非實際的威脅，而是想像出來的**。如果我們選擇保守行事，可能會錯過人生的精彩片刻，將來還可能因此感到後悔。

常見的恐懼

以下是一些你可能經歷的常見恐懼：

◆ **害怕被拒絕**：你害怕被拒絕。這可能是來自特定團體的實際拒絕，但通常更加微妙。例如，你可能害怕：

- 發表一個他人可能不認同的意見。
- 提出約會邀請，卻被拒絕。
- 分享你的作品，卻被批評。

◆ **害怕失敗**：你害怕失敗。這通常源自於更深層的恐懼：覺得自己不夠好，亦即害怕自己被嘲笑，並認為失敗會削弱你的自尊。

◆ **害怕損失**：人類對損失有反感，這就是為什麼我們往往更有動力去預防損失，而非確保收益。

◆ **害怕打擾別人**：你害怕打擾他人，也許是因為你相信自己不夠重要。因此，你可能會因為害怕顯得自私而不敢堅持自己的意見。

◆ **害怕成功**：你害怕成功。你可能擔心自己無法承受成功帶來的額外壓力。

利用恐懼來成長

對於新事物的恐懼通常是一個徵兆，顯示你應該繼續前進，去做就對了，因為這表示你有一個巨大的自我成長機會。

恐懼和其他情緒一樣，只存在於你的頭腦裡。這就是為何我們常常在完成一件起初猶豫不決的事情後，會覺得自己之前的擔憂有點可笑。

那些最終實現狂野目標的人，通常都是因為他們願意走出舒適圈。一段時間過去之後，他們學會了在不適感當中感到自在。

回想一下你曾經害怕去做，但現在對你來說已經沒什麼大不了的事。舉例來說，我敢肯定你第一次開車時會覺得很害怕，或是在第一天上班時覺得很緊張。但現在，你已經習慣了，不是嗎？

事實是，人類擁有強大的學習能力，關鍵在於要習慣偶爾的不適感。如果你不經常面對恐懼，你的發展潛能將會受到極大的限制。待在舒適圈內還會削弱你的自尊，因為在潛意識裡，你知道自己並沒有做該做的事情。

自然界有一個法則：事物不是成長，就是消亡。人類也是這樣的，如果我們不跨出舒適圈，內心就會逐漸枯萎；不要讓這種情況發生在你身上。正如班傑明・富蘭克林（Benjamin

Franklin）所說：「有些人二十五歲就已經死去，直到七十五歲才被埋葬。」要確保「有些人」指的不是你！

採取行動

跨出舒適圈的第一步是了解到，即使是世界上最成功的人，也會感到恐懼。**所謂的勇氣，並不是沒有恐懼，而是儘管恐懼存在，依然採取行動**。所謂的勇氣，就是明白恐懼不會消失，並且仍然去做你想做的事。**沒有恐懼，就沒有勇氣**。當你經常面對恐懼，就會培養出勇氣，並將它變成習慣。

你不需要在採取行動之前先避免恐懼，或是使自己麻木。相反地，你必須接受恐懼不會消失的事實，然後習慣它。接著，你必須決定採取行動。

練習：跨出你的舒適圈

當你要開始跨出舒適圈時，可以問問自己：「有哪件事是我該做，但因為恐懼而一直拖延的？」一旦你完成那件事，很可能會體驗到一種自豪感與活躍的生命力。這個跡象顯示你正走在正確的道路上，將它視為你的大腦在你跨越舒適圈後，送給你的獎勵。

走出你的舒適圈

- ◆自問：「有什麼我知道自己應該去做，但因為害怕而一直拖延的事？」然後去做那件事。
- ◆每天做一件讓你感到不適的事（即使只是一點點不適）。

第28章

拖延

只有那些你願意在死之前都未完成的事，才能推遲到明天。

——巴勃羅．畢卡索（Pablo Picasso）

拖延有很大部分的原因是情緒問題。**儘管有一些有效的技巧來處理拖延，但最主要還是要學會如何正確管理自己的情緒，這是克服拖延習慣的關鍵。**

拖延的常見原因

人們會拖延，有許多不同的原因，以下是一些常見原因：

- 這項任務很無聊。
- 你認為這項任務不重要。

◆這項任務的挑戰性太高（或你認為如此）。
◆你害怕自己會做不好。
◆你習慣性地懶惰。

試想，如果這項任務十分有趣、很重要，而且簡單到不可能失敗，你還會拖延嗎？我也相信，**恐懼是人們拖延的主要原因**。當人們害怕自己做得不好時，都寧願推遲完成任務。雖然他們可能會說服自己，這項任務不緊急、不重要，或是自己太疲憊，但事實往往是他們感到害怕。

請注意，拖延本身並不代表你懶惰或是有什麼問題。我們都會拖延，然而，如果你經常因拖延而煩惱，可能表示你有自尊心問題，或是缺乏自律。

拖延，可能代表你過於相信自己腦袋中的想法。你不是自己思想的主人，而是成了它的奴隸。這會導致：

◆你無法過一個自己想要的生活。
◆你無法實現自己的夢想。
◆你自尊心低落、產生內疚感和不快樂。

記住，當你的頭腦告訴你：「你累了，我們休息一下吧」或「明天再做吧」時，這不是個命令，你不需要遵守。

你不是你的情緒，也不是你的思想。無論你頭腦中閃過什麼念頭，你可以選擇接受它，或選擇忽略它。

現在我想分享一個克服拖延心態的流程，總共有十六個步驟。但別擔心，這並不像看起來那麼複雜。

打敗拖延症的十六步驟流程

①了解拖延背後的原因

首先，要了解為什麼你會拖延。

之前我們討論過，拖延背後有具體的原因，通常都與恐懼有關，而你的頭腦會告訴你，避免恐懼的最好方式，就是什麼都不做——換句話說，就是拖延。另一個拖延的原因是任務很困難，而你希望盡可能避免痛苦，將愉悅最大化——這就是頭腦的運作方式。

除此之外，你也可能因為缺乏動力而拖延；如果你缺乏動力的話，先自問為什麼，然後好好考慮以下的解決方案：

- 將任務委派給他人。
- 除去這項任務。
- 換個方式看待你的任務，將它納入更大（且更令人興奮）的願景中。
- 調整任務，讓它變得更容易。
- 直接開始（參見第十三個步驟P264）。

花一點時間找出拖延背後的所有原因，要對自己誠實。

②提醒自己拖延的代價

拖延不是一個小問題，它會帶來嚴重的後果。

- **拖延的直接後果**：你在有限的人生當中所能達成的成就，將會遠遠少於你本來可以實現的。
- **拖延的間接後果**：你可能對自己感到不滿。你會責怪自己沒有做該做的事，進而打擊你的自尊心，帶來不必要的煩惱。

練習：拖延的代價

現在，拿出一張紙，寫下拖延讓你付出的代價。

它如何影響你內心的平靜？你的自尊心？你實現夢想的能力？當你越來越厭倦拖延，就越有可能真正做出一些改變。

③ 找出你的故事

克服拖延的第三步是找出拖延背後的故事。當你想要拖延時，是在告訴自己什麼？有哪些念頭閃過你的腦海？你用了哪些藉口？常見的藉口包括：

「我太累了。」
「我明天會做。」
「我會做得很差。」
「這不是真的很重要的事。」

讓我們立刻處理一些藉口：

◆「**我太累了。**」

雖然這可能是真的，但你必須了解到「你不是你的頭腦與思維」，你不必聽從你的頭腦。美國海軍海豹突擊隊（Navy SEAL）的戴維・戈金斯（David Goggins）使用了「百分之四十法則」。該法則指出，即使你覺得自己已經達到極限，其實只使用了大腦能力的百分之四十。重點是，你擁有大量的儲備能量，可以在疲倦時挖掘出來。因此，下班後再花兩小時在你的副業上，並不會讓你垮掉。

◆「**我會做得很差。**」

如果你把一個任務安排在今天，表示你相信自己辦得到。因此，害怕做得很差並不是問題所在。畢竟，如果你覺得今天會做得很差，那是什麼讓你覺得明天會做得更好？很可能不會如此。這只是你對自己講的一個故事。

◆「**我明天再做。**」

把事情拖到明天或許不是什麼大事。但是，如果你不能自律地完成今天的任務，那麼你有多大機率能設計出自己的理想人生呢？記住，自律地完成眼前的任務，最終會讓你創造出自己的未來。時間、努力和自律，是創造任何有價值的東西所不可或缺的。

◆ **「這不是真的很重要的事。」**

即使這是真的，但沒有完成你安排的任務，將會創造出一個開放的迴路。在你的潛意識裡，你會一直知道自己還有任務尚未完成。如果你一直拖延任務，很快就會開始失去動力，有一天甚至可能會覺得受困，卻不知道為什麼。

練習：寫下你的藉口

開始意識到你提出的所有藉口，將它們寫下來，然後逐一解決。它們會控制你，是因為你讓它們這樣做。請承諾你自己會去面對這些藉口。

④重寫你的故事

看看你的藉口。你太累了嗎？你沒有時間嗎？你是否試圖把每件事都做得完美？現在你已經找出你的故事了，請創造一個新的、更有力量的故事，來清除舊有的藉口。

請參考以下的範例：

◆「我沒有時間做這件事。」

→我會找到時間或騰出時間，給那些我承諾要做的事情。

◆「我太累了。」

→我能控制自己的思維，我擁有的能量比自己想像的更多。當我安排了一項任務，就會完成它。

然後，以你的新故事來創造一些肯定句或口頭禪。每天早上和一整天裡都反覆對自己說這些話，直到它們成為你身分的一部分。記住，拖延是一種習慣。你需要**重新設定你的頭腦，推行一個新習慣**，那就是：無論你想不想，都要完成自己安排的任務（參見第十四章〈訓練頭腦去體驗正面情緒〉P130）。

⑤ 釐清你的理由

拖延通常是缺乏動力所造成的。當你對一個目標感到興奮時，就不會逃避它，對吧？你會迫不及待地想完成它！

檢視你經常拖延的任務。

為什麼會這樣？要如何讓這些任務成為你更大願景的一部分，讓你覺得更有動力呢？

你能調整這些任務嗎？你能從這些任務中學到什麼嗎？你能否想像自己完成這些任務後自豪的樣子？

你的理由、你的「為什麼」越強，你就越容易克服拖延的習性。

⑥認出你用來分心的方法

下一步是留意你用來分心的所有方法。你用來拖延的方法是什麼？是去散步？看YouTube影片？喝咖啡？或者，你會讀一些如何克服拖延症的書？

除非你意識到拖延在生活中以哪些方式呈現，否則你很難克服它。

練習：列出你所有的拖延方式

花幾分鐘的時間，利用本章最後的自助練習簿寫下你用來拖延的所有方式P270。

⑦與拖延的衝動共處

當你覺得有股衝動去做〇〇〇（填入讓你分心的事）時，停下來與這種情緒共處一會兒。

你有什麼感覺？容許自己去感受這種情緒。不要評斷自己，不要責備自己，只要接受現狀。若能這麼做，你會對自己的頭腦握有更多掌控權（想獲得更多資訊，請參閱第十三章〈放下你的情緒〉P120）。

⑧記錄你所做的一切

為了評估你的生產力並洞察你的拖延方式，可以將你所做的一切都記錄在筆記本上，持續一週的時間。每次你從一個活動切換到另一個活動時，都要記錄下來，同時寫下你在每項任務上花了多少時間。

一週結束時，你就會知道自己花了多少時間在「真正的」工作上，又花了多少時間在分心上。要小心，你可能會大吃一驚。

⑨為你做的每件事設定清晰的意圖

在開始處理任務之前，確保你清楚知道自己必須完成什麼。問問自己：我想要完成什麼事？結果會是什麼樣子？如此一來，你就能避免為頭腦留下製造藉口的空間。

⑩為你的環境做好準備

你的頭腦不喜歡困難的事，它希望事情簡單，因此，要確保移除任何磨擦或障礙，好讓你可以立即開始處理任務。例如：

◆如果你想跑步，就將你的跑步裝備準備好，放在床旁邊，這樣一來，你醒來後就能馬上去跑步（當然，要先充分熱身）。
◆對於電腦相關的任務，要清除桌面上所有令人分心的干擾，確保你可以馬上找到需要的文件。

⑪從小事著手

與其給自己很大的壓力，為何不從小事著手呢？與其寫兩頁手稿，或許可以先寫一段文字就好。與其運動一小時，何不從五分鐘開始？

將任務縮小，有助於讓你克服拖延症，不僅如此，它還能讓你逐漸培養出動力。所以，每當有選擇時，務必從小事開始，以減輕壓力。

⑫製造快速成功

每天面對艱鉅的任務相當於在陷害自己，讓自己失敗，扼殺自己的動力。要學會**將任務切割成幾個小任務，設定容易實現的小里程碑**。這麼做有以下的好處：

- 讓你養成百分之百完成任務的習慣。
- 隨著你累積許多快速成功，就能提升你的自尊。
- 降低你拖延的衝動。

每天設定幾個小目標，並在接下來的幾個星期內持續完成它們。藉由這麼做，你會提升自尊心，並為未來完成具有挑戰性的任務做好準備。記住，**將事情完成是一種習慣**，就像其他任何習慣一樣，它可以透過練習來學會並養成。

⑬只管開始

通常，當你開始處理一項任務時，會進入所謂的「心流」（the flow）狀態，事情會進行得輕鬆且毫不費力。在這種狀態下，由於你專注於任務，動力將不再是個問題。**進入「心流」的最佳方式就是開始行動**。為了讓這件事變得更容易，你可以先花五分鐘來處理任務，看看會發生什麼。

摒除任何希望表現良好的壓力或期望，容許自己做得不好。只要開個頭，你常常會發現，自己花在任務上的時間，比原先計劃的更久。注意，你的任務所需的專注度越高，你就越容易快速進入「心流」。

除此之外，你還可以使用梅爾．羅賓斯在其著作《五秒法則》一書中所介紹的「五秒法則」P141。這個法則指出，你只有五秒鐘的時間窗口來採取行動，若不把握時間行動，大腦就會勸你放棄。

⑭ 建立支持你的日常習慣

如果你傾向於拖延重要任務，就要承諾你自己早上第一件事就是處理它們。例如，如果你想寫一本書，請每天早上開始寫作。從小任務開始，譬如設定每天寫五十個字的小目標，然後每天早上完成。

若你能堅持執行，便能培養出寫作的習慣，同時減少拖延的機會。

⑮ 運用視覺化技巧

你也可以利用視覺化的技巧來幫助自己克服拖延症。以下是兩種具體方法：

ⓐ **想像自己在執行任務**：想像自己打開電腦，開啟文件並開始寫作。想像自己穿上跑步鞋，開始跑步。這種視覺化已被證明能夠提高完成任務的機率，試試看。

ⓑ **想像自己已經完成任務**：任務完成後，你會有什麼感覺？解脫？快樂？自豪？現在，感受一下完成任務後的心情。這麼做能讓你感受到動力獲得提振，進而鼓勵你開始處理任務。

⑯ 建立問責機制

如果你難以完成任務，可能需要一些責任感的輔助。當我容易拖延時，喜歡發訊息給朋友，跟他說我會在特定日期前完成一項任務。

另一種培養責任感的方法也值得嘗試，那就是找一位問責夥伴，定期與對方溝通。你可以每週與他交談一次，分享你的目標表單。你可以檢視那些自己可能會拖延的重要任務，為每項任務訂下一個具體的截止日期。然後，你可以發電子郵件給你的問責夥伴，跟他說你何時完成了任務。

如果你能執行這十六個步驟，應該能克服或至少大幅降低你的拖延習性。

以十六個步驟打敗拖延症

①了解拖延背後的原因

確保你找出了所有拖延背後的原因，並對自己誠實。如果缺乏動力，問問自己為什麼。

②提醒自己有關拖延的代價

拖延不是小問題。它的代價包括直接的和間接的：

- 直接後果：你在這一生中所能實現的成就，將遠遠少於你應該實現的。
- 間接後果：你可能會對自己感覺很糟糕。

寫下拖延讓你付出的代價。它如何影響你內心的平靜、你的自尊或你實現夢想的能力？

③ **找出你的故事**

寫下所有的藉口，然後一一面對它們（例如：「我沒有時間。」「我太老了。」「我不夠聰明。」「我太累了。」等等）。

④重寫你的故事

看看你的藉口。現在你已經找出你的故事了，請創造一個新的、更有力量的故事，來抵消你的舊藉口。範例如下：

- 「我沒有時間做這件事。」

→我會找到時間或騰出時間，給那些我承諾要做的事情。

- 「我太累了。」

→我能控制自己的思維，我擁有的能量比自己想像的更多。當我安排了一項任務，就會完成它。

創造一些能支持你的新故事的肯定句或咒語。每天早上和一整天裡，都反覆對自己說這些話，直到它們成為你身分的一部分。你的肯定句：

⑤ **釐清你的理由**

檢視你經常拖延的一項重要任務。為什麼會這樣？寫下你如何讓這項任務成為你願景的一部分：

⑥ **認出你用來分心的方法**

你如何在重要任務上拖延？例如：散步、看YouTube影片、刷臉書等等。

我如何拖延：

⑦ **與拖延的衝動共處**

當你覺得有股衝動去做〇〇〇（某件讓你分心的事）時，停下來與這種情緒共處一會兒。你有什麼感覺？容許自己去感受這種情緒。不要評斷自己，不要責備自己，只要接受這樣的現狀。若能這麼做，你會對自己的頭腦握有更多掌控權。

⑧記錄你所做的一切

將你所做的每件事都記錄下來，為期一週，然後看看你花了多少時間在不具生產性的活動上。

⑨為你做的每件事設定清晰的意圖

在開始處理任務之前，確保你清楚知道自己必須完成什麼。問問自己：我想要完成什麼事？

⑩為你的環境做好準備

你的頭腦不喜歡困難的事，它希望事情簡單，因此，要確保移除任何磨擦或障礙，好讓你可以立即開始處理任務。

在下方寫下你可以做些什麼，讓自己更容易開始進行重要任務：

⑪ 從小事著手

將你的任務縮小，有助於讓你克服拖延症。不僅如此，它還能幫助你培養動力。

練習將你的重要任務切割成小部分：

⑫ 製造快速的成功

每天設定幾個小目標，並在幾週內持續達成目標。這麼做能提升你的自尊心，並幫助你在未來完成更具挑戰性的任務。

寫下你的快速成功任務（選擇一到三項任務）

⑬ **只管開始**

通常，當你開始處理任務時，會進入所謂的「心流」，一切變得輕鬆自然。看一下你之前寫下的快速成功任務，花幾秒鐘承諾自己要開始處理這些任務。

⑭ **建立支持你的日常習慣**

如果你經常拖延重要的任務，承諾每天早上第一件事就是處理這些任務。寫下你每天早上首先要做的一項任務。

我的一項任務：＿＿＿＿＿＿＿＿

⑮ **運用視覺化技巧**

你也可以運用視覺化技巧來幫助你克服拖延症。下面是兩種具體的方式：

- 想像自己在執行任務：在你展開任務之前，想像自己正在處理它。
- 想像自己已經完成任務：想像自己完成了這項任務。任務完成後，你會有什麼感覺？解脫？快樂？自豪？

※額外提示

每當你完成一項具有挑戰性的任務時，花幾秒鐘的時間留意自己的感受。之後，每次展開一項困難的任務時，就提醒自己這種感覺。

⑯ 建立問責機制

你如何為重要任務和目標建立問責機制（例如：找到一個問責夥伴、聘請教練、每週將你的目標清單發給朋友等等）？

—第29章—

缺乏動力

人們常說，動力無法持久。嗯，洗澡也是一樣；這就是為什麼我們建議每天洗澡。

——吉格．金克拉，銷售員及勵志演說家

缺乏動力通常表示你缺乏一個有說服力的願景可讓你去追求。一個人如果擁有激動人心的願景，很少會缺乏動力。雖然他們可能會在過程中遭遇挫折，感到沮喪，甚或輕微地憂鬱，但往往能迅速恢復，因為他們會提醒自己所擁有的願景。

缺乏動力也是一個徵兆，表示你沒有「跟隨你的喜悅走」，這表示你所做的事與真正的你脫節了。Enthusiastic（熱情的）這個詞來自希臘文，意思是「充滿著神性」。如果你缺乏熱情，可能是因為你與自己的核心本質失去了聯繫。

我從未聽說過有哪位諾貝爾獎得主因為感到無聊而提早退休。事實上，他們大多數都會工作到生命的最後一天，這是因為他們有一個明確的目標。同樣地，我也沒見過億萬富翁賣掉自己的公司，去熱帶小島退休。他們也許嘗試過，但很快就意識到生活變得多麼無聊。重點是，你並不是天生就缺乏動力，只是沒有做你應該做的事。你沒有盡量去挑戰自己，也沒有創造出一個能激勵你的願景。也許你被困在一份無聊至極、沒有出路的工作中，或者你現在的工作只是為了賺錢或滿足父母的期望，那麼，難怪你會缺乏動力。幸運的是，你可以重新找回自己的動力。

利用動力（或缺乏動力）來成長

缺乏動力是在告訴你，你需要設計一個更符合真實的你的生活方式。這意味著你要對自己的優勢、性格和喜好有深入的了解，並確保在日常生活中充分利用它們。

了解你的優勢

當你將一天大部分的時間花在做不擅長的事情時，會有什麼感覺？可能沒什麼動力吧？不幸的是，許多人正是被困在無法發揮自身優勢的工作中。結果，他們不斷掙扎，不停地懷疑自己是否注定要如此痛苦地度過未來的四十年。我親身體會過做一份自己不擅長的工作與做自己熱愛且擅長的事情之間的區別，我可以證明，當你做那些讓你感覺對了的事情時，就會擁有非凡的動力和能量。

你是否注意到，你往往會喜歡自己擅長的事？你可能不見得享受這項任務本身，但得到正面的回饋會讓你感到自豪，讓你對自己感覺良好。那麼，如果你不斷被提醒自己做得很糟糕，你還會喜歡那項任務嗎？

重點是，有些事是你擅長的，也有些事是你喜歡做的。一旦你能辨認出自己擅長的任務，並盡量多花些時間在這些事情上，你便能感覺到更強的動力。你甚至可能會發現，自己頗為享受那些你從未想過的任務，只因為你對它們很擅長。

為了能專注在你的優勢上，你可能需要重新設計目前的工作內容，在同一家公司內換職務，甚至徹底轉換職業生涯。記住，如果你每一天的每一秒都在掙扎，那麼你可能沒有在做應該做的事情。你擁有自己的優勢，而你的工作就是找出它們。

了解你的性格

這與前一個重點有關，因為你的性格在某種程度上決定了你擅長什麼。舉例來說，如果你性格內向，那麼你選擇的職業可能會和性格外向的你不同。你可能更喜歡獨自工作，或是在小團體中工作，而且會避免那些需要整天與客戶打交道的工作。你可能會發現自己在安靜的環境中表現優異。

你的核心價值觀也會影響你動力的強弱。也許，獨立對你來說是不可或缺的。若是如此，當個自由工作者可能比朝九晚五的工作更適合你。或者，你喜歡新鮮事物，希望能不斷學習，若是如此，做著重複性高的工作可能無法為你帶來太多的滿足感。

了解什麼能激勵你

有時你缺乏動力，是因為你設定的目標無法激勵你。雖然那個目標可能是你真心渴望的，但是你呈現這個目標或執行它的方式，卻無法激勵你。

假設你想減肥。如果你的目標背後的各種原因都無法觸及你的情感層面，那你就不會有動力，也會很難實現目標。因此，你的任務是找出減肥對你來說有什麼意義。問問自己，為什麼你想減肥？繼續問自己為什麼，直到找到能在你的情感層面上引起共鳴的理由。記住，**你很少會因為減肥是「正確的事」而想減肥。你會想減肥，是因為它能帶給你某種感覺**。這就是你賦予減肥的意義，而如果你想成功，就必須找對這個意義。

現在，你也可以問自己，為什麼不想減肥，這能幫助你發現自己掙扎的原因。如果你暴飲暴食是因為這讓你感覺很好，就必須問自己，為什麼會這樣？這是一種習慣嗎？是因為你的壓力很大嗎？是因為環境的影響嗎？還是因為你在逃避什麼事情？

了解你為何會去做某件事情的原因很重要。一旦你有了強烈的動機，將能完成意料之外的成就。

動力如潮水有起有落

值得一提的是，你並不需要一直維持著百分百的動力。動力就如潮水，有起有落。若你覺得缺乏靈感，沒必要責怪自己。為了幫助你在缺乏動力時仍能採取行動，以下幾點很重要：

- 建立一套能讓你堅持目標的系統。
- 培養自律精神，在你不想做事時依然去做。
- 對自己要有慈悲心，愛自己，而非將生活中所有的錯誤都歸咎於自己。

建立一套系統，意思是擁有一個每天都能幫助你邁向目標的例行習慣。舉例來說，你早晨要做的第一件事，可能是花一段特定時間專注於某項任務。

每天堅持這個儀式，是培養自律的一種方式，另一種方式是每天設定小目標，然後堅持完成它。

對自己慈悲，則表示要鼓勵自己，而不是一味怪罪自己。

若想進一步了解如何建立一套晨間儀式，可以參考我的書：《喚醒的晨鐘：如何掌握早晨並改變人生》。

感到被困住

有時，你會覺得自己被困住了。

你沒有動力做任何事，或是覺得不知所措，甚至不知道原因為何。這通常是因為你的生活中有太多開放的迴路（未完成之事），或是你拖延了一項重大任務。讓我們看看要怎麼做才能讓自己脫困。

讓自己脫困的簡單三步驟

每當你覺得被困住，試試以下的三個步驟：

①列出所有需要完成的任務。
②找出一項你一直在拖延的任務。
③完成那項任務。

通常會有一項特定的任務是你已經拖延了一段時間的。雖然這不一定是困難的任務，但一旦你下定決心並最終完成它，你會感覺非常好，可能會因而完成更多任務。結果是，你會開始培養動力，讓自己脫困。如果你無法立即處理那項特定的任務，可以從其他沒那麼嚇人的任務開始，這也能幫助你培養動力。

關閉開放的迴路

如果你拖延了太多任務或有太多未完成的計劃，可以這麼做：

◆ 列出你想要完成的所有任務或計劃。
◆ 為它們設定一個具體的完成時間，也許只需要幾小時，你就能完成許多任務。或者你也許需要更長的時間，那麼就給自己更多的時間。

◆ 對於較大的計劃，在接下來的幾天或幾週之內，只全心專注在一個計劃上，直到完成它為止。

◆ 重新安排、委派或放棄一些計劃。

建立一套系統

為了幫助你在缺乏動力時仍能採取行動，做到以下幾點很重要：

◆ 建立一套能讓你堅持目標的系統。

◆ 培養自律精神，在你不想做事時依然去做。

◆ 對自己要有慈悲心，愛自己，而非怪罪自己。

你可以建立什麼樣的每日例行習慣，來維持你的目標進度（例如：建立一個早晨儀式，包括正面肯定、視覺化，或是早上優先處理最重要的事）？

為了培養自律精神，在接下來的三十天裡，你可以承諾自己每天要做什麼任務？

我的任務：

當你感到沮喪時，什麼樣的鼓勵話語或咒語可以用來激勵自己？

結論

感謝你購買這本書，我誠摯希望它能幫助你了解自己的情緒，並提供你所需的工具來更有效地掌握情緒。記住，情緒的品質決定了你的生活品質。因此，學會如何改變自己和環境以體驗更多正面情緒，對你的幸福快樂至關重要。

讓我們面對現實吧。你在一生中會不斷體驗到負面情緒，但是我希望你每次都能提醒自己，情緒並不是你，並學會接受它們原本的樣子，然後讓它們離去。你並不是悲傷、憂鬱、嫉妒或憤怒，你是關照著這些情緒的存在。當這些暫時的感受消失之後，留下的才是真實的你。

你的情緒是來引導你的。要盡你所能地從中學習，然後將它們放下。不要緊抓著它們不放，好像你的存在必須仰仗它們一樣，事實並非如此。不要與它們認同，好似它們可以定義你。它們並不能定義你。**你要做的反而是利用你的情緒來成長，並且記住，你是超越情緒的。你怎能不是呢？情緒來來去去，而你始終會留下。永遠如此。**